책, 조선 사람의 내면을 읽다

책,
조선 사람의
내면을 읽다

/ 설흔 지음 /

위즈덤하우스

●

어쩔 수 없는 책상물림이라 책을 통해 지식을 습득하고 생각하는 법을 배웁니다.《책, 조선 사람의 내면을 읽다》는 그러한 삶의 기록입니다. 바라는 게 있다면《살아 있는 귀신》(창비, 2012)의 경우처럼《책, 조선 사람의 내면을 읽다》의 각 편을 보다 긴 글로 만들어내는 것입니다. 그런 면에서 본다면《책, 조선 사람의 내면을 읽다》는 삶의 기록일 뿐 아니라 미래에 대한 다짐이기도 합니다. 물론 모든 편을 그렇게 쓸 수 없다는 것은 잘 알고 있습니다. 그러기에 바람이라고 표현한 것입니다. 바람 하나 갖고 세상을 살아가는 것도 나쁘지 않으리라 생각합니다.

《책, 조선 사람의 내면을 읽다》의 각 편은 원래《기획회의》(한국출판마케팅연구소)에 연재되었던 것입니다. 귀한 지면을 제공해준 출판마케팅연구소 한기호 소장님, 그리고 출간의 기회를 준 위즈덤하우스에도 감사를 드립니다.

●

1
책이 읽은
사람의 내면

2
사람이 읽은 책의 내면

1

책이 읽은
사람의 내면

내
가
옳
다

조광조趙光祖의 눈빛이 살짝 흔들렸다. 물론 나*는 그 짧은 순간을 놓치지 않았다. 그를 비난하지 않기로 했다. 그의 앞에 선 이는 의금부 도사 유엄柳渰. 그가 나타났다는 것은 임금의 은전이 끝내 베풀어지지 않았음을 의미했다. 애써 외면하고 싶었던 상황이 명명백백한 현실이 되어 눈앞에 나타나자 그는 그 자리에 털썩 주저앉고 말았다. 유엄은 그 절망의 몸짓을 임금의 명령을 들고 나타난 자신에게 공손히 무릎 꿇는

---

* 나는 《근사록》이다. 조광조에 대한 지식은 정두희의 《조광조》(아카넷)를 통해 얻었으며, 《근사록》은 이기동이 번역한 《근사록》(홍익출판사)을 참조했다.

것으로 받아들였다. 그는 길쭉한 두 눈의 눈초리를 내리며 엷은 안도의 한숨을 내쉬었다. 그 정도로 마음을 추스렀으면 좋으련만 절망과 분노를 이기지 못한 조광조는 기묘한 자포자기의 심정마저 백일하에 드러냈다. "나는 참으로 죄인이오." 그는 자신이 내뱉은 말을 음미할 틈도 주지 않고 맥락도 닿지 않는 문장을 이어 붙임으로써 유엄의 마음을 제마음대로 다잡아나갔다. "사사의 명만 있고 사사의 글은 없는 것이오?" 당황한 유엄이 황급히 명령이 담긴 종이를 펼쳐 보이자 이번에는 노골적으로 투덜대기까지 했다. "내가 이래 봬도 대부의 반열에 있던 몸이오. 고작 쪽지 하나를 보내어 죽인다는 말이오?"

그가 보인 뜻밖의 태도에 놀란 탓일까? 유엄은 자신의 본분도 잊은 채 말없이 그의 얼굴만 응시할 뿐이었다. 다행히도 조광조는 이내 현실을 받아들였다. "하아, 도사의 말이 아니었다면 차마 믿을 수 없을 뻔했소."

이제 비로소 내가 아는 조광조로 돌아온 것이다. 그다웠다. 조금 혼란스럽기는 했어도 그 짧은 시간에 그는 절망과 분노를 제 몸뚱이에서 완전히 몰아냈다. 한고비를 넘긴 그는 유엄에게 조정의 동향이며, 사람들이 그에 대해 뭐라 말하는지 따위를 천천히 물어보았다. 유엄은 낮으면서도 단호한 목소리로 그의 질문에 답했다. 마침내 침묵이 찾아왔고 그것으로 끝이었다. 이제 남은 것은 죽는 일뿐이었다. 조광조가 싱긋 웃었다. 그가 웃는 모습이라니 내 기억으로는 처음인 것 같았다. 웃음도 낮설었지만 그 뒤에 이어진 일종의 논리적 농담도 낮설기는 마찬가지였다. "죽으라는 명이 떨어졌는데 한참 동안 지체하는 것은 옳지 않은 일이겠지? 하지만 이렇게 생각해볼 수도 있지 않겠소? 그러니까 오늘 안으로만 죽으면 되는 것 아니오?"

그 말을 들었을 때 유엄이 지었던 표정은 수백 년이 지난 지금도 도통 잊을 수가 없다. 바보처럼 입만 크게 벌린 채 말도 못하던, 목구멍에 무엇인가 걸린 것처럼 입술을 뒤틀며 컥컥대던, 우스움과 절망이 반반의 비율로 절묘하게 결합되던, 그 희귀했던 표정이라니. 그를 구제한 것은 조광조였다. "염려 마시오, 집에 보낼 편지 한 장 쓸 말미를 달라는 것뿐이니. 그건 괜찮겠소?"

유엄의 허락을 얻은 조광조는 방 안으로 들어와 서안 앞에 정좌했다. 잠시 내게 눈길을 주는가 싶더니 오른손으로는 붓을 쥐고, 왼손으로는 미간을 서너 번 쥐었다 놓았다. 왼손으로 종이 끝을 잡고 붓을 쥔 손에 힘을 주자 그의 머릿속 상념이 문자가 되어 종이에 나타났다.

임금을 아비처럼 사랑했고
나랏일을 집안일처럼 근심했다.
해가 이 세상을 굽어보아
내 뜨거운 충정을 밝게 비출 것이다.

미욱한 인간. 자신을 사지로 내몬 임금이 그를 두고 했던 말을 알았어도 그런 치기 어린 글을 남겼을까? 임금은 그를 죽이라는 명령을 내린 후에 조금도 망설임 없이 그에 대한 평을 덧붙였다. "조광조는 죽어도 아까울 것이 없다. 내가 그 사람을 조금 아는데 그 마음이 실로 곧지 않다."

자신의 심중을 그대로 드러낸 간단명료한 발언이었지만 모두를 허탈하게 만들기에 충분한 발언이기도 했다. 끓어오르는 분노를 이기지 못한 사관은 그로서는 이율배반이라 불러야 마땅할 임금의 태도를 그냥 넘기지 않고 가슴에 담아두었다가, 자신의 사감까지 덧붙여 후세에 전했다.

전일에 좌우에서 가까이 모시고 하루에 세 번씩 뵈었으니 정이 부자처럼 가까울 텐데, 하루아침에 변이 일어나자 용서 없이 엄하게 다스렸고 이제 죽인 것도 임금의 결단에서 나왔다. 조금도 가엾고 불쌍히 여기는 마음이 없으니, 전일 두텁게 사랑하던 일에 비하면 마치 두 임금에게서 나온 일 같다.

조광조는 가족에게 남길 말을 몇 자 더 그적거린 후에야 붓을 놓았다. 더 쓸 것도 없으련만 그는 좀처럼 방에서 나가지 않았다. 방 안을 맴돌며 틈틈이 밖의 동정을 살펴보던 그가 걸음을 멈추더니 나를 집어 들었다. 그의 쓸쓸한 눈빛만 보고도 나는 그의 속내를 짐작할 수 있었다. 어리석은 그는 아직도 임금에 대한 미련을 버리지 못했던 것. 내 머릿속에 그와 임금의 관계가 가장 좋았던 날의 대화가 불현듯 떠올랐다. 열에 들떠 나에 대해 설명하던 그는 임금과 헤어지기 전에 이렇게 말했다. "이 책《근사록近思錄》은 학문에 가장 긴요한 것입니다. 앞으로 더 진강하도록 명하셨다니 지극히 좋은 일입니다. 이 책은 태극도로부터 시작하는 바, 궁리하는 학문을 하지 않으면 능히 그 묘리를 탐구하지 못하게 되니 마땅히 열과 성을 다해 연구하셔야 합니다."
임금의 답변은 그가 기대했던 것 그대로였다. "《근사록》은 과연 다른 책에 비할 바가 아니니 반드시 깊이 궁리해야 한다." 만족스러운 답변이었지만 그는 고개를 갸웃거렸고, 집요한 선생의 근성으로 기어이 한마디를 더 붙이고야 말았다. "학문은 많이 하는 것이 중요한 것이 아닙니다. 스스로 이해를 해야지요."

어린 제자에게 타이르는 듯한 그 느끼한 말투에는 사람들의 기이한 행태에 익숙해진 나조차도 어깨를 움츠릴 지경이었다. 다행히도 임금은 그의 말을 고깝게 여기기는커녕 고개를 수차례 끄덕거림으로 동의를 표했다. 두 사람의 관계가 가장 좋았던 날의 풍경이지만 되짚어보면 그것은 내리막길밖에 남지 않았다는 의미이기도 했다. 일찍부터 평범한 인간의 내면에 무지했던 그는 그 사실을 알지 못했다. 성인을 꿈꾸었던 그는 임금의 꿈도 자신과 똑같거니 여겼다. 불행의 시작이었다.

그는 임금을 자신이 원하는 성군으로 만들기 위한 프로젝트에 돌입했다. 자신이 세운 목표에 눈이 먼 그는 임금이 얼굴을 찌푸리는 것도, 하품을 하는 것도 알지 못했다. 투박한 손으로 내 안의 문장들을 찢어 임금의 입에 넣고 또 넣었다. 많이 먹으면 빨리 크겠거니 하는 심정으로 낮에도 밤에도 먹이기를 멈추지 않았다. 받아먹기만 해야 하는 이의 심사는 그가 알 바가 아니었다. 그 과정에서 그는 건드리지 말아야 할 것을 건드리고 말았다. 지극히 평범한 남자가 대개 그렇듯 임금의 역린 또한 쓸데없는 자존심이었다.

몰락의 시작은 지극히 사소했다. 종묘대제에 쓰일 소가 종묘 문턱을 넘다 죽은 사건이 일어난 것이다. 전례 없던 변고를 접한 임금은 회의를 소집했다. 그런데 원인을 놓고 격론이 오가던 중 엉뚱한 쪽으로 불꽃이 튀었다. 유교 제례에 어긋나는 소격서昭格署를 그냥 둔 탓에 변고가 일어났다는 의견이 제기되었다. 도교의 신들에게 제사 지내는 기관이 바로 소격서니 딱히 틀린 말은 아니었다. 하지만 임금으로서 받아들이기는 쉽지가 않았다. 개국 때부터 존재해온 기관을 작은 변고 때문에 없애는 것은 내키지 않는 일일 터였다. 임금은 알았다는 의례적인 발언으로 회의를 마무리했고, 소격서 문제도 그것으로 끝난 듯싶었다. 꺼져가는 불씨를 살린 것은 조광조였다. 그는 임금 앞에서 소격서는 이단 기관이니 폐지해야 한다는 의견을 거침없이 개진했다. 그러고는 아예 노골적으로 임금을 타일렀다. "신하들은 대도大道를 생각하는데 임금은 망설이고만 있습니다. 단단한 것과 굳은 것은 버리고 유약하고 부질없는 것만 생각하며, 이리저리 헤매고 용단을 내리지 못합니다. 이래서야 신하들이 선에 힘쓰도록 권유해도 하나 소용이 없지 않겠습니까?"

나는 임금이 더는 참지 못하리라 생각했다. 의외로 임금은 그 쓴 말들을 묵묵히 받아들였다. 하지만 소격서 폐지에는 동의하지 않았다. 거기서 멈추었으면 좋았을 것을. 그는 성군의 길이 소격서 폐지에 달려 있기라도 한 듯 돌진을 멈추지 않았다. 점점 더 모진 말이 터져나왔고, 대간들을 사퇴시킴으로써 임금을 막다른 골목에 몰아넣었다. 고립무원의 임금이 마침내 두 손을 들었다. 소격서 폐지에 동의한 임금 앞에 그는 자신의 감격한 마음을 있는 그대로 드러냈다. "이제 전교를 들으니 실로 감격이 큽니다. 단지 소격서를 폐지한 일 때문에 이토록 기뻐하는 것은 아닌 줄을 임금은 아시겠습니까?"

그는 아마도 소격서 폐지는 사소한 사안이며, 임금이 사도에서 벗어나 성군의 길로 들어선 것이 더 기쁜 일이라는 뜻을 전하려 했던 것 같다. 물론 임금은 그의 말에 숨겨진 의미를 정확히 이해했다. 하지만 그에게 기뻤던 그 일이 임금에겐 치욕이었다. 임금은 그 치욕을 잊지 않고 1년 3개월 후에 수십 배로 불려 되갚아주었다. 곰 같은 머리로 은밀히 판을 짜고 사화를 일으켜 권력구조를 재편한 뒤 그에게 사사 명령을 내린 것이다.

조광조는 제 주먹으로 머리를 톡톡 두드렸다. 임금에게 한 행동을 자책하는 줄 알았기에 그가 내뱉은 탄식은 나를 놀라게 만들었다. "아, 어쩌자고 그 처자를 죽음의 길로 내몰았을까?"

그가 말하는 처자가 누구인지 나는 단번에 알아챘다. 젊은 시절의 그를 보고 사랑에 빠진 여인이었다. 불행히도 여인은 사람을 잘못 골랐다. 인간의 정보다 도와 리를 중시하는 그에게는 여인의 사랑을 느낄 여유조차 없었다. 병이 깊어진 여인은 아버지에게 속마음을 털어놓았고, 사태가 심각함을 깨달은 아버지는 그의 아버지를 찾아 고개를 조아렸다. 그의 아버지는 여인을 거두라고 말했지만 그는 그 명령의 부당성을 오히려 따지고 들었다. 사사로이 남자를 엿보았으니 그 마음은 사랑이 아니라 음심이라는 것이었다. 단호한 그의 태도에 아버지는 뒤로 물러났고, 여인은 결국 세상을 버렸다. 조광조의 논리는 명확했다. 음심은 곧 허물이니 죽어도 아까울 것이 없다는 것. 그의 논리는 그에게 사사의 명을 내린 임금의 그것과 하등 다르지 않았다. 임금에게 조광조는 마음이 곧지 않으니 죽어도 아까울 것이 없는 사람이었다. 그런 그가 죽은 처자를 입에 올렸다. 죽음의 문턱에 이르러서야 그는 자신의 지나침을 깨달은 것일까?

밖에서 으흠, 하는 소리가 들렸다. 그가 내 얼굴을 쓰다듬으며 밖을 향해 말했다. "다 되었소. 곧 나가겠소." 그는 두 눈을 꾹 감았다. 핏기가 완전히 자취를 감춘 그 얼굴을 보니 처음으로 그가 안쓰럽게 느껴졌다. 내가 해줄 수 있는 위로란 내가 아는 문구 몇 개를 나열하는 것밖에는 없었다. 그것은 바로 〈태극도설太極圖說〉의 결말 부분이었다. "시작의 근원을 추구하고 끝을 반성하는 까닭에 죽음과 삶에 대해 알게 된다. 위대하구나, 역이여. 이것이 그 지극함이로다."

그가 다시 눈을 떴다. 그는 내 몸을 뒤져 태극도를 펼쳤다. 그는 생전 처음으로 나를 접한 초학자처럼 기묘한 기호 같은 그 그림을 보고 또 보았다. 밖에서 재촉하는 소리도 더는 그의 귀에는 들리지 않는 모양이었다.

《근사록》해설

정조正祖 5년(1781) 3월 18일, 규장각에서 《근사록》 강의가 열렸다. 그는 《근사록》은 학문의 요지인데 〈태극도설〉 안에 가장 중요한 내용이 다 들어 있다며 먼저 그 장부터 읽으라고 말한다. 그 뒤로는 아예 신하들을 초학자 취급하며 《근사록》이라는 이름의 유래부터 설명한다. "대개 학문을 할 때에는 가까운 데에서 공부하여 간절히 묻고, 비근한 데서부터 생각함으로써 가까운 데에서 먼 데로 이를 수 있기 때문이다." 그러고는 논평에 능한 이답게 이름과 실제의 괴리를 지적한다. "성리의 은미하고 깊은 내용을 말한 것이어서…… 근사의 뜻에 맞지 않는 점이 있는 듯싶다." 그 뒤로 이어지는 길고 긴 정조의 해설들. 신하들 중에는 꽤 참기 힘든 이들이 많았을 것이다.

비슷한 장면은 조광조에게서도 나타난다. 중종 13년(1518) 8월 21일 실록 기사에는 조광조를 비판하는 투서 내용이 소개되어 있다. 재미있는 것은 사관이 붙인 평이다. "조광조의 명망이 가장 중하여 사모하고 본받는 이가 많았다……. 선비들이 읽는 것은《근사록》·《소학小學》·《대학大學》·《논어論語》등의 책뿐이요, 문예의 학문은 일삼지 않아서 문장과 학문은 성종成宗 조보다 훨씬 쇠퇴했다."

조광조와 정조, 시대 차는 있지만《근사록》에 관한 한 두 사람은 일란성 쌍둥이와도 같았다. 그저 그렇다는 것이다.

마음의 꽃

정원을 바라보는 남자의 눈이 일그러졌다. 그렇다면 그다음은 외길 수순이다. 남자는 한숨을 길게 내뱉은 뒤 소맷부리로 눈을 훔칠 것이다. 뜻 모를 말 몇 마디를 중얼거리고는 고개를 떨어뜨릴 것이다. 소리 없는 흐느낌은 대성통곡으로 변하고, 대성통곡은 남자의 꾀죄죄한 얼굴을 검은 눈물 자국투성이로 바꾸어버린다. 한참이 지나 그 눈물이 멈추면 남자는 오리처럼 꺽꺽 서너 차례 기성奇聲을 지르곤 아무 일도 없었다는 듯이 나를 들어 눈물 묻은 그 찝찔한 손으로 한 장 한 장 넘겨갈 테고. 어찌 되었건 나를 읽어나가는 남자의 목소리는 아름답다. 굵지도 않고 가늘지도 않으며, 느리지도 않고 빠르지도 않다. 한번은 가만히 눈을 감고 듣고 있다 선음仙音과도 같은 것이 영락없는 세존世尊의 목소리다 싶어 두 눈을 번쩍 뜬 적도 있다. 그러나 그것은 천에 한 번뿐이었던 지극히 예외적인 사건이었다. 대개 내가 떠올리는 것은 세존의 종제인 아난阿難이다. 남자가 그 사실을 알았더라면 예의 그 오리 기성과 함께 여인네 같은 작고 부드러운 주먹으로 제 가슴을 쿵쿵 두드렸을 것이다. 그가 그런 반응을 보이는 것은 지극히 당연한 일이다. 그 심정의 억울함은 실록에 기록된 문장 하나만 인용하는 것으로도 충분하리라. "아난이 마등가 여자를 보고 참지 못하여 마침내 범하였습니다[阿難見摩藤加女 不忍乃犯]."

남자가 속해 있는 자칭 유자儒者의 나라에서 아난 하면 가장 먼저 떠올리는 것은 색色 앞에 어처구니없이 무너지고 만 그의 무기력하고 저열한 모습이다. 물론 단초를 제공한 것은 아난이었으니, 기실 그의 본심은 달랐으며 경전의 결집자였던 그 아니었으면 오늘날 불법도 없었으리라는 등의 변명으로 적당히 둘러대고 싶지는 않다. 무엇보다도 걸식乞食하던 아난이 여자를 보고 식욕 대신 음심을 앞세웠던 그 쓸쓸한 현장은 지난 수천 년간 내 몸에 똑똑히 각인되어 있었으니. 아난을 그 음욕의 현장에서 꺼낸 세존이 길고 긴 설법을 폭포수처럼 뿜어낸 결과물이 바로 나《능엄경楞嚴經》인 터이니 애초부터 그에 대해 왈가왈부하는 것은 어불성설語不成說인 터.

남자는 어떠한가. 이 남자 심노숭沈魯崇*은 얼마 전 아내를 잃었다. 불행은 홀로 오는 법이 없는 법이라 네 살 된 딸을 아내보다 한 달 앞서 저

---

* 김영진이 번역한《눈물이란 무엇인가》(태학사)를 통해 그에 대한 지식을 얻었다.

세상에 보내기까지 했다. 그렇다면 오히려 불행의 화신이라 할 남자의 어느 부분이 아난과 닮았다는 말인가. 병약한 아내와 자식들을 두고 딴 살림을 차리기라도 했다는 말인가. 아니다. 남자는 그런 식의 뻔뻔한 음란함과는 거리가 멀다. 남자가 평생 즐긴 것은 색이 아닌 책이었고, 그 중에서도 패설稗說이었다. 4대 기서를 일찌감치 섭렵한 그는 세간에 떠도는 이야기 하나하나 놓치지 않고 덥석덥석 받아먹었다. 패설에 심취한 것이 무슨 잘못이랴, 하고 묻는 이가 있겠다. 그러한 질문엔 이렇게 답해야 하리라. 내가 언제 그것이 잘못되었다고 한 적이 있던가.

　문제는 남자가 연륜 깊은 때덩어리처럼 버리지 못하고 있는 그 깊은 슬픔이다. 일찍이 스스로 정에 약하기가 꼭 아녀자 같다고 고백했던 것처럼 남자는 대장부의 호방함과는 거리가 멀었다. 그래도 아내를 잃기 전까지는 그럭저럭 봐줄 만한 구석이 있었다. 아내를 지극히 사랑했지만 남들의 지탄을 받을 정도는 아니었고, 자식 사랑에 해가 뜨고 달이 차는 줄도 몰랐지만 법도를 넘어설 정도는 아니었다. 요컨대 남자는 겉으로는 제법 위엄 있으면서도 속으로는 사려 깊음을 잃지 않던 아비이자 부군이었던 것이다. 남자의 슬픔이 봇물처럼 터져나온 건 아이와 아내를 차례로 잃은 뒤였다. 남자의 심정을 모르는 것은 아니다. 자식을 앞세워 보내고 아내를 제 손으로 무덤에 묻는 것은 한 바가지의 피눈물을 토해내지 않고는 할 수 없는 일일 것이니 말이다. 그렇다고는 하나 슬픔에도 정도가 있는 법이다. 처음엔 아예 흙 속으로 들어가 죽은 자들과 함께 눕고 싶은 생각이 굴뚝같다가도 시간이 지남에 따라 그 슬픔이 그리움으로, 엷은 한숨으로, 종내는 무심한 추억으로 바뀌는 것이 인지상정이다. 남자에게는 그 불행 속에서도 용케 살아남아 제 깜냥대로 아비를 위로하는 또 다른 딸이 있었으니 그 딸을 생각해서라도 심신을 추스르는 것이 아비 된 자의 도리일 터였다.

아내를 묻은 남자는 제문을 지어 죽은 이를 위로했다. 거기까지는 하등 이상할 것이 없었다.

그대 죽음은 무엇 때문인가? 그것은 나로 말미암았네. 불교에 원업이란 말이 있으니 곧 인과라. 낙토에는 그대 가고, 악도에는 나 떨어졌네.

남자는 유자였으나 세존 역시 그에게는 친근했다. 남자의 어미가 제법 불심이 깊었던 탓이다. 원업이니 인과니 낙토니 악도니 하는 것도 그의 배경이 원래 그런 탓에, 깊은 슬픔에 압도당하자 본능처럼 자연스레 터져나왔던 것이리라. 불교로 경사된 감이 없지 않아 있기는 했으나 상사가 겹쳤던 그의 상황을 감안한 이들이 덮고 넘어가기 힘들 정도는 아니었다. 문제는 그다음이었다. 남자는 한 편의 제문만으로는 부족하다 싶었던지 매일같이 죽은 아내에 대한 글을 적어나가기 시작했다. 한 편이 두 편이 되고, 두 편이 네 편이 되고, 네 편이 여덟 편이 되었다. 남자의 좁은 방 안은 아내에 대한 글들로 발 디딜 틈도 없게 되었다. 숨이라도 크게 내쉴라치면 검은 글씨로 물든 흰 종이가 사방팔방 휘날리는 것이 꽤 볼만한 장관을 이루었다. 실제로 일이 그랬다기보다는 그의 마음이 그렇다는 것이었으나 뒷짐 지고 두고 보던 이들은 감탄 대신 입방정을 떠는 것으로 자신들의 남는 시간을 허비했다. 사태가 여기까지 이르자 지금껏 기이한 행태를 방치해두었던 남자의 동생이 마침내 그의 앞을 막고 나섰다. 고즈넉함을 넘어서 귀기마저 서렸던 남자의 집을 동생이 방문한 것은 바로 그 때문이었다.

막상 남자를 책망할 마음을 갖고 들어서긴 했으나 동생 또한 주위의 염려보다는 형의 슬픔을 더 아프게 여기는 심성을 지닌, 그 형에 그 동생이었기에 엉덩이를 붙이고 앉은 뒤에도 쉽사리 입을 열지는 않았다. 우거진 잡초 말고는 아무것도 볼 게 없는 이름뿐인 정원을 한참 동안 보다가 그저 무심히 한마디를 내뱉는 것이었다. "형더러 장자莊子처럼 노래 부르라는 것은 아니외다."

죽은 아내를 앞에 두고 악기를 연주하며 노래를 불렀다는 장자의 고사를 말하는 것일 터. 동생으로서는 과도한 슬픔에 빠져버린 형의 행태를 무척이나 우회적인 방법으로 책망하는 것이었으나 남자는 귀에 솜 뭉치라도 틀어막은 듯 아무런 대꾸도 하지 않았다. 동생은 조금은 더 직접적인 언사로 형을 설득하는 방법을 택했다. "형, 《시경詩經》에 부부 간의 즐거움을 노래한 작품은 있어도 사별의 애통함을 노래한 작품은 없다는 것을 알고 있소? 그 뜻인즉, 함께 누렸을 즐거움으로 슬픔을 대신한다는 것이외다. 그것이 우리들 유자가 견지해야 할 슬픔의 정도 아니겠소?"

남자는 대답 대신 정원으로 나아가 잡초를 뽑기 시작했다. 남자의 모습이 얼핏 보기엔 꽤 여유로웠고, 매미마저 천지를 뒤흔들 기세로 울어대니 모르는 사람이 보았다면 전원에 은거하는 생활이야말로 과연 선비가 취할 아름다운 삶이로구나, 하며 제멋대로 고개를 끄덕였을 것이다. 그러나 형의 마음을 돌리러 온 동생에게 매미 소리란 화만 돋우는 소음에 불과할 뿐. 동생은 앉은자리에서 벌떡 일어나 죄 없는 흙만 건

어차고는 남자의 등짝에 모진 말을 쏘아댔다. "제문에다 원업에 인과란 말을 쓰다니 제정신이오? 그것만으로도 이미 지나친데 매일같이 써대는 그 숱한 글들은 또 뭐요? 그래서야 형수와 아이의 혼백이 편안히 쉬기나 하겠소?"

목소리에 담긴 분노를 느낀 탓일까, 그악스럽게 울어대던 매미도 슬며시 울음을 멈추고 숨을 죽였다. 매미 소리 사라진 공간을 채운 것은 유유히 날개를 휘젓는 흰 나비 한 쌍. 남자가 갑자기 뒤돌아서더니 처음으로 말이란 것을 내뱉었다. "내 하나 물어보자. 눈물은 눈에 있는 것이냐, 아니면 마음에 있는 것이냐? 아무리 곰곰 생각해봐도 내 그걸 모르겠다."

"도대체 무슨 소리를 하고 있는 거요? 제발 정신 좀 차립시다. 유자가 되어 부끄럽지도 않소?"

"너 그거 아느냐? 몇 해 전에 얻은 아들, 그 아들을 어찌 얻었는지 알고 있느냐?"

"죽은 아이 이야기는 왜 또 꺼내는 거요?"

"그 아이를 얻으려고 절에 등을 바쳤다. 그러고는 거짓말처럼 그 아이를 얻었지. 한 해도 안 되어 세상을 하직하기는 했지만 말이다."

"허망한 도라는 게 다 그런 것이요. 겉으로는 그럴듯해 보여도 결국엔 사람을 홀리고 마는 게 바로 석가의 도요."

"그래, 네 말이 맞겠지."

더 심한 말을 준비했던 동생은 그만 맥이 풀려버렸다. 어찌해야 좋을까 몰라 그저 한숨만 푹푹 쉬고 있는데 남자가 나지막한 목소리로 독백도 시도 아닌 것을 읊어나간다. "식구들 보내고 내 가장 원한 것이 무엇인지 너는 아느냐? 오직 하나, 다 잊고 깊은 잠에 빠져들고 싶은 열망뿐이었다. 잠이 번뇌를 이긴다고 했으나, 열흘이 지나 한 달이 다 되도록 뒤척이기만 했으니 무슨 방법으로 번뇌를 이기겠느냐? 그래서 생각한 것이 제문을 짓는 것. 과연 효험은 있더라. 처음엔 날밤 새우기 일쑤였지만 글의 힘이란 위대해서, 어느덧 잠이 늘더니 이제는 밤이면 푹 잘 수 있게 되었다. 하지만 깨고 나면 기나긴 하루가 날 기다리고 있더라. 그 영겁 같은 뜨듯한 낮들은 대체 어쩌면 좋으냐? 그래서《능엄경》도 읽어보고 눈물도 흘려보는 것이다. 그도 안 되면 정원의 잡초를 어루만지면서 내 삶을 참회해보는 것이다. 너 그거 알고 있느냐? 네 형수와 난 이 정원에 온갖 아름다운 꽃과 나무를 심기를 꿈꾸었다. 열매는 따서 부모께 드리고, 꽃은 완상하며 느리게 살아가는 꿈을 꾸었다. 그런데 이제 네 형수는 집에서 백 보도 되지 않는 곳에 묻혀 있다. 꽃과 나무를 말하며 고운 웃음을 흘리던 형수의 얼굴을 나는 도무지 잊을 수가 없다. 아우야, 이를 어찌하면 좋겠느냐? 내 가슴의 허망함을, 온통 나의 죄인 것 같은 이 삶을 도대체 무엇으로 채워야 하겠느냔 말이다."

남자는 그 자리에 털썩 주저앉았고, 동생은 괜히 나를 들어 되는 대로 몇 구절을 읽었다가 다시 내려놓고 고개를 푹 숙였다. 이 모든 광경을 지켜본 나는, 남자와 아난은 역시 쌍둥이처럼 닮았다는 생각을 지울 수가 없었다. 아난은 음심에, 남자는 상심에 마음을 다친 것이었다. 이럴 때면 세존의 날카로운 말씀으로 남자를 깨우치는 것이 내 본연의 행동일 터. '참으로 사랑하고 좋아하는 것은 마음과 눈으로 인한 것이니 만약 마음과 눈이 있는 곳을 알지 못하면 번뇌를 항복받을 수 없을 것이다.'

하지만 지금의 남자에게는 세존의 냉철한 분석보다는 따뜻한 위로가 필요한 것이 아닐까? 천지간 오직 그뿐이라 느끼는 그 깊은 외로움을 다독여주는 것이 내 존재 이유가 아닐까? 주문을 외운다. 정원의 잡초가 희고 붉은 장미꽃밭으로 변한다. 그 꽃송이 송이마다 흰 나비가 앉아 있다. 남자는 눈물을 흘리며 동생에게 묻는다. "너도 지금 내가 보고 있는 것을 보고 있느냐?" 동생은 말이 없다. 그는 나를 베개 삼아 그 또한 오래간만에 맛보는 단잠에 빠져 있으므로.

《능엄경》해설

《능엄경》에 관한 조선 유자들의 태도를 논하기에 가장 좋은 이는 세조世祖다. 세조 4년(1458) 2월 14일 기사에는 정인지鄭麟趾를 국문하라는 내용이 있다. "부처를 배척함은 유자의 상사常事인데도 정인지는 도리어《능엄경》을 칭찬했고…… 그를 다시 국문하여 아뢰라." 꽤 단호한 태도다.

단호하기로 치면 세조 12년(1466) 윤3월 7일의 기사도 빠지지 않는다. 이날 세조는 강론에 나선 어세공魚世恭과 유진兪鎭의 실력이 시원치 않자 장杖 서른 대를 쳐서 임금의 명령을 경시한 죄를 물었다. 어세공과 유진은 의금부에서 다시 장 서른 대를 맞은 후 자신들의 죄를 마침내 인정한다. "관청의 사무에 겨를이 없어서 부지런히 읽을 수가 없었습니다. 어찌 다른 뜻이 있겠습니까?"

세조는 이들을 옥에 가두었다가 다음 날 파직시켰다. 그래도 분이 풀리지 않았던지 근엄한 당부 또한 잊지 않았다. "너희들이《능엄경》을 받아 읽은 날이 이미 오래였고, 내가 너희들에게 명하여 서로 강론하게 하였는데, 너희들이 내 명을 가볍게 여기고 서로 돌아보며 말이 없으니, 너희들이 만약 부처를 좋아하는 것을 잘못이라고 한다면, 마땅히 '임금의 잘못된 마음을 바로잡지 아니할 수가 없다'고 하면서, 장차 마음을 다해 극진히 간하여 고쳐 깨닫기를 바라는 것이 진실로 그 직책이다. 너희들은 어찌하여 외면으로는 복종하고 마음으로는 그르게 여기느냐?"

그랬다. 세조가 그들더러 강론하라 한 것은 다름 아닌 《능엄경》이었던 것이다.

남공철과
《열하일기》

한
줌
의
재

남공철南公轍* 군君의 방에는 삼대 기물奇物이 있다. 술을 따른 적이 없는
술병, 연주한 적이 없는 거문고, 돌을 올린 적이 없는 바둑판이다. 사대
기물이라 해야 옳을지도 모르겠다. 몇십 년 내 한 번도 펼쳐지지 못한
불쌍한 내가 있으니.

이율배반二律背反, 그를 설명하기에 이보다 더 훌륭한 용어는 찾아볼
수 없으리라. 벌열 가문의 아들로 태어났으나 열네 살 어린 나이에 아

---

* 안순태가 번역한《작은 것의 아름다움》(태학사)을 통해 그에 대한 지식을 얻었다. 뒤에 나오는
'나'는《열하일기》를 말한다.

비를 저세상에 보냈고, 천인들과 벗처럼 지냈으나 그들로부터 좋은 소리는 듣지도 못했고, 고동서화古董書畵 네 글자를 썼다는 죄목으로 임금에게 된통 걸려들었으나 그 흔한 유배 한 번 다녀오지 않았고, 얼굴과 몸매는 여인네 홀리는 배우처럼 미끈했으나 잔병치레로 늘 골골했고, 은퇴할 날만을 손꼽아 기다렸으나 임금의 총애라는 흉악한 덫에 걸려 옴짝달싹 못하는 삶을 살아야 했다. 그러니 은둔의 부푼 꿈을 안고 마련한 별업別業에도 한 해에 한두 차례 들르는 것이 고작이었다.

유일한 위안이라면 별업에서 지내는 동안만큼은 그의 고질인 이율배반에서 벗어날 수 있다는 것일 터. 별업은 제법 봐줄 만했다. 남자이면서도 미적 감각 하나만은 타고난 그의 또 다른 이율배반이 별업을 가꾸는 데 단단히 한몫을 했다. 별업의 근간은 우사영정又思穎亭과 옥경산장玉磬山莊이다. 우사영정 주위에는 매화와 국화와 대나무를 심었고, 옥경산장 주위에는 파초, 작약, 벽오동, 소나무 수천 그루를 심었다. 처음에는 볼품이 없었으나 몇십 년 세월의 더께 덕분에 그가 머릿속에서 그렸던 공간은 한 치 오차 없이 온전히 구현되었고, 창작자인 그가 그 안으로 들어가면 그대로 그림 속 풍경으로 탈바꿈하는 경지에 이르렀다. 별업의 주변은 또 어떠한가. 아홉 구비를 돌아 흐르는 청계淸溪가 가까이 흐르고, 병풍처럼 두른 산 사이로는 작은 오솔길이 하나 있다. 그 길을 걷다보면 작은 다리에 이르고, 다리를 건너면 흰 바위가 아름다운 옥경동玉磬洞을 만나게 되고, 나뭇가지를 헤치고 다시 몇 걸음을 걸으면 탁 트인 공간에 이르게 되는데 그곳에서 볼 수 있는 것은 단 하나, 바로 달빛뿐.

여기까지 이르면 나는 내 입으로 내뱉은 말을 수정해야 마땅하리라.

별업은 제법 봐줄 만한 곳이 아니라 무릉도원이라고 하나, 내가 고개를 가로젓는 것은 늙은 책의 괜한 고집이 아니라 그의 실상을 너무도 잘 알고 있는 탓이다. 그토록 멋진 별업이라면 짧은 시간의 체류에라도 만족하며 지내야 마땅하건만 별업에 들어앉은 그의 얼굴에는 늘 깊은 어둠이 드리워져 있는 것이다. 보다 젊었을 적에는 그가 사모한다는 구양수歐陽脩처럼 차려입은 채 시도 읊고 주위를 허적허적 누비는 일도 마다하지 않았지만 이내 그의 행동반경은 우사영정의 좁은 공간으로 한정되었다. 우사영정에서의 풍경 또한 나쁘지는 않다. 사방 어디를 봐도 절경인 까닭에 나무, 돌, 심지어는 바람 조각 하나 범상한 것이 없다. 그러나 그의 시선은 더는 외부에 가 있지 않았다. 몇 해 전 재상에 오른 뒤부터는 별업에 들어서자마자 그의 사대 기물인 술병과 거문고, 바둑판, 그리고 나까지 우사영정에 옮겨놓고 교대로 한 번씩 들었다 놓았다 하는 것이 새로운 습관이 되었다. 그렇다고 사대 기물의 역할이 변한 것은 아니다. 술병 안의 술은 여전히 가득 차 있고, 거문고는 제 소리를 울리지 않으며, 바둑판은 텅 비었고, 나는 닫힌 채로 있으니.

그렇다면 그의 심중에는 무엇이 있나? 그의 외부에 사대 기물이 있다면, 그의 내부엔 사대 기인이 있다. 그가 가장 고통 없이 떠올리는 인물은 이단전李亶佃이다. 진실로 단에 종놈 전이니 진짜 종놈이란 뜻이다. 더 재미있는 것은 그가 붙인 호가 필한疋漢인데, 필은 하인下人을 합친 글자니 이 또한 종놈이란 뜻이다. 이단전이 스스로를 종놈이라 부르는 것은 실제로 종놈이기 때문이었다. 종놈이면서도 두터운 안면을 무기로 삼아 이덕무李德懋와 이용휴李用休에게서 시를 배운 이단전은 온 사방에 시를 흘리며 살았고, 이내 그의 집을 수시로 드나들며 그와 친교를 나누는 사이가 되었다. 벌열 가문의 아들과 종놈 시인이 만났지만 주도권은 언제나 종놈 쪽에 있었다. 그가 환장하게 좋아했던 그림과 골동품의 소재를 귀신처럼 정확하게 알려준 것도 이단전이었고, 새로 떠오르는 명사들과 연줄을 맺게 한 것도 이단전이었다. 공짜는 아니었다. 이단전은 그로부터 비싼 수수료를 챙겼을 뿐 아니라, 몸이 피곤하면 그의 집에 와 뒹굴었고, 술이 고프면 다짜고짜 쳐들어와 병나발을 불었다. 그런데도 그는 싫은 소리 한마디 하지 못했다. '열흘 만에 처음으로 문을 열었는데 / 이 몸을 대하고도 도리어 술만 마시네' 운운하는 맥 빠진 투정이 전부였으니 나로서도 처음에는 그의 대범함을 칭찬해야 할지 소심함을 비난해야 할지 많은 고민을 했다. 늙은 책이 된 지금은 그러한 대응들이 그의 진심임을 잘 알게 되었지만 말이다. 물론 이단전 또한 그 사실을 분명히 인지했다. 주인이 당하는 모습을 늘 안쓰럽게 여겼던 겸인 한 놈이 이단전에게 예의 좀 지키라고 충고하자 그는 낄낄거리며 이렇게 받아쳤다. "나 같은 종놈에게 예의는 무슨? 내 품 안을 집으로 알고 사는 이와 서캐가 웃을 일이오." 겸인은 고개를 가로저으며 사라졌지만 나는 혼자 남은 이단전이 지껄이는 말을 똑똑히 들었다. "남 군이 바라는 대로 하는 것일 뿐."

그렇듯 제 방식대로 그를 이해했던 이단전이 술을 마시다 황천길로 떠나가자 더 기이한 인물이 찾아왔다. 자신의 이름인 북北을 둘로 갈라 칠칠七七이라는 호를 붙인 이 남자에 비하면 이단전은 범부에 가까웠다. 이단전의 눈에는 백태가 끼었지만 최북崔北은 아예 애꾸였고, 이단전은 저를 아끼는 이에게 살살거리는 미덕이라도 지녔지만 최북은 성깔이 나면 상대의 지위고하를 막론하고 막말부터 내뱉고 보는 형이하학적 인간이었다. 그럼에도 최북이 살아남을 수 있었던 것은 빼어난 그림 실력 때문이다. 장난삼아 휙휙 붓을 놀려도 웬만한 화원이 3년 동안 정성들여 그린 역작보다 백배 훌륭했고, 마음잡고 그린 산수화 한 점은 오만한 천기賤妓들의 마음을 단번에 허물어뜨리는 선봉장 역할을 충실히 수행했다. 물론 그는 기생보다 더 쉽게 최북을 집 안에 들였고, 최북은 노략질이라도 하듯 성깔을 부려가며 그의 환대에 제대로 응했다. 최북과의 교우가 절정에 달했을 무렵 그가 쓴 편지 한 통이 그들 교우의 실상을 제대로 들려준다.

> 아침나절 남대문 거리에서 돌아왔는데, 그대가 우리 집에 헛걸음했다는 말을 듣고 몹시도 섭섭했다오. 종들이 이구동성으로 말하더군. "술에 잔뜩 취한 최북이 와서 책상 위의 책을 마구 뽑아다 잔뜩 늘어놓았습니다. 그러고는 소리를 고래고래 지르고 술을 토하더니 부축을 받고서야 간신히 돌아갔습니다." 혹 길거리에 쓰러지지나 않았을까 걱정이 돼 붓을 들었소.

최북은 산수화를 그려달라는 그의 정중한 부탁에 산만 달랑 그려준 뒤 "산 밖에는 모두 물이 아니겠소"라며 억지를 부렸고, 좋은 그림 한 점을 구해달라고 하자 자신의 그림에 조맹부趙孟頫의 낙관을 찍어 비싼 값에 팔아먹기도 했다. 그는 그저 세상에서 가장 재미있는 농을 들은 사람처럼 배를 움켜쥐고 크게 웃을 뿐이었다. 최북은 죽을 날이 가까워져서야 그의 삶에서 빠져나갔다. 그의 집 대문을 열고 사라지려던 최북이 중얼거린 말은 이러했다. "남 군은 참으로 불쌍한 인간이오."

최북도 박남수朴南壽에 비하면 아무것도 아니었다. 얼마나 막돼먹은 인간이기에 최북보다 더하냐고 호기심을 갖고 덤빈 이들은 이내 실망할 것이다. 박남수는 그의 가문 못지않은 명문가 반남 박씨의 일원이며, 호방한 성품에 뛰어난 글솜씨로 사교계를 휘어잡은 인물이기 때문이다. 그는 어릴 때부터 박남수와 가깝게 지냈고, 젊은 날을 함께했으며, 종내는 요절한 박남수를 기리는 묘지명墓誌銘까지 썼다. 박남수 또한 그를 아끼고 사랑했다. 그의 글을 극찬한 이도 박남수였으며, 그가 모은 서화에 진심으로 감탄한 이도 박남수였다. 중요한 것은 그를 정확하게 이해한 최후의 사람이 바로 박남수였다는 사실이다. 돌이켜보면 박남수는 벗을 위해 자신의 일생을 바친 셈이었다. 벗의 운명에 드리운 그늘을 벗기기 위해 더할 나위 없는 희생물을 그에게 제공했으니. 그 일은 내가 탄생한 지 얼마 되지 않았을 때 벌어졌다.

박남수는 자신의 집에 나의 주인인 박지원朴趾源과 이덕무와 박제가朴齊家, 그리고 그를 불러 모았다. 드문 일이 아니었으므로 나는 그가 획책한 흉계를 미처 깨닫지 못했다. 그날따라 박남수는 술잔을 빠르게 비웠으며, 술 못하는 그에게 여러 차례 권하기도 했다. 벗의 충정에 어두운 그는 한 잔을 어렵사리 비웠다. 분위기가 심상치 않음을 느낀 것은 그를 보는 박남수의 눈빛을 보았을 때였다. 왠지 모를 쓸쓸함과 회한은 박남수에게는 낯선 감정이었다. 흥이 오른 박지원이 나를 열고 큰소리로 읽어나가자 그 쓸쓸함과 회한은 모종의 굳은 결심으로 바뀌었다. 읽기를 마친 박지원에게 박남수는 넌지시 화를 돋우는 말을 내뱉었다. "《열하일기熱河日記》의 문장은 훌륭하지만 결국 패관기서일 뿐입니다."

가만히 듣고 있을 박지원이 아니었다. 반응은 격렬했다. "네 놈이 뭘 안다고 떠드는 게냐?"

박지원이 다시 나를 읽으려 하자 박남수는 재빨리 빼앗고는 그를 바라보았다. 짧은 순간이었으나 영민한 그는 벗의 속내를 알아챘다. 그의 손가락이 촛불을 향해 다가가다 멈추었다. 박남수는 입술을 감춰물고 그 대신 촛불을 쥐었다. 촛불을 내게 대려는 순간 그가 박남수의 손을 세게 쳤다. 촛불은 바닥에 떨어졌고 나는 그의 손에 들어갔다. 흥겹던 술자리는 아수라장이 되었다. 박남수는 소리를 질러댔지만 그의 속내는 달랐다. '남 군, 이제 아무도 자네를 기억하지 못할 것이네.'

그 이후 벌어진 일은 여느 술자리와 다르지 않았다. 박지원은 아이처럼 토라져 누웠고, 박제가와 이덕무와 그는 내 주인의 마음을 돌리기 위해 자신들의 모든 정성을 다했다. 날이 밝아서야 화해는 이루어졌고, 그날의 일화는 세간에 회자되며 불멸의 신화로 바뀌어갔다. 그 주인공은 그가 아닌 박남수였다. 박남수는 얼마 후 세상을 떠남으로써 자신의 신화를 완성했다.

남공철은 눈을 한 번 감았다 뜨곤 술병을 열었다. 긴 한숨을 토해내며 술병의 술로 잔을 채웠고, 그는 그 잔을 단숨에 비웠다. 거문고 줄을 튕기곤 흰 돌과 검은 돌 하나를 바둑판 위에 올려놓았다. 나는 숨을 멈추었다. 그는 나를 보며 수수께끼 같은 말을 내뱉었다. "널 열어본 적은 없었지만 한시도 널 열어보지 않은 적도 없었다."

그 모순의 속내를 나는 익히 짐작했다. 결국 그가 가장 두려워하는 것은 망각이었다. 이단전과 최북, 박남수가 일찍이 알아챈 비밀이었다. 그는 그의 이름이 길이 기억되기를 원했으나 그 방법을 몰랐거나, 혹은 너무도 선한 인간이었다. 이단전과 최북은 자신들에게 일침을 가해 이름을 남기도록 종용했으나 그는 고개를 돌려 외면했고, 박남수는 고문 수호자라는 이름을 주려 했으나 그 또한 허위가 되어버렸다. 그가 버린 명예는 결국 그 때문에 살아남은 셈인 나와 내 주인 박지원의 것이 되었다. 완벽한 이율배반의 인생. 그는 왜 그렇게 망각을 두려워했을까? 주어진 기회를 발로 걷어찬 것은 또 왜일까? 죽음을 목전에 둔 나로서도 그 마음 하나만은 도통 알 수가 없다. 영민한 그는 너무도 잘 알았다. 세 임금의 사랑을 받고 재상 지위에 올랐어도 결국은 아무도 자신을 기억하지 못하리라는 것을. 나의 주인 박지원은 물론, 그에게 기회를 주려 애썼던 이단전과 최북과 박남수보다도 자신의 이름이 쉽게 망각되리라는 사실을. 그럼에도 그는 촛불을 잡지 못했다. 왜 그랬던 것일까?

그가 촛불을 들어 내 몸에 불을 붙인다. 나는 너무도 쉽게 한 줌의 재로 변한다. 늦었다. 또 다른 나는 이미 천지사방에 퍼져 있으므로. 그의 별업이 무릉도원이 아닌 것은 그가 살아온 인생이 온통 어둠뿐이기 때문이다. 오래전 그가 너무도 쉽게 촛불을 외면했기 때문이다. 그의 얼굴에 웃음이 떠오른다. 달관한 자의 웃음이다. 뭐지? 불안이 나를 잠식한다. 혹여 나는 그를 제대로 읽지 못한 것은 아닐까? 이 남자는 누구인가? 사대 기인은 박지원이 아닌 남공철 자신인가? 혹은 또 다른 이율배반인가? 한 줌의 재인 나로서는 알 도리가 없다.

《열하일기》해설

박지원과 남공철의 연은 더 이어진다. 고동서화 네 자로 문체반정의 빌미를 제공한 남공철은 정조로부터 자신의 명령을 박지원에게 전하라는 지시를 받는다.

"문풍이 이렇게 된 것은 박 아무개의 죄 때문이다.《열하일기》는 내 익히 보았으니 어찌 감히 속이고 숨길 수 있겠느냐? 이자는 법망에서 빠져나간 거물이다.《열하일기》가 세상에 유행한 뒤에 문체가 이렇게 되었으니 당연히 결자해지結者解之해야 한다. 신속히 순수하고 바른 글 한 편을 급히 지어《열하일기》의 죗값을 치르도록 하라."

남공철은 지엄한 정조의 명령을 그 특유의 부드러움으로 포장해 박지원에게 보낸다.

"순수하고 바른 글 한 편을 빠른 시간 내에 쓰기는 어려울 터이니 어떻게 하려 하시는지 모르겠습니다. 하나 이는 유교를 돈독히 하고 문풍을 진작하며 선비들의 취향을 바로잡으려는 우리 성상의 고심과 지덕에서 나온 것이니, 어찌 그 만에 하나나마 보답하지 않을 수 있겠습니까? ……이렇게든 저렇게든 막론하고 두어 달 안에 지어냄이 좋지 않겠습니까?"

남공철의 편지를 받은 박지원은 일단 임금의 은혜에 감사부터 하고 본다.

"이 몸은 제멋대로 구는 일개 천신이건만 임금의 말씀은 측근의 신하를 대할 때나 차이가 없으며, 엄한 스승으로서 임하시고 자애로운 아버지로서 가르치시어, 임금의 총명을 현혹시킨 죄로 처형을 가하지 않을 뿐 아니라 도리어 한 편의 바른 글을 지어 속죄하도록 명령하셨으니, 서캐나 이 같은 미천한 신하가 어이하여 군부께 이런 은애를 입는단 말이오."

그 뒤에 따르는 것은 자학의 글들.

"나 같은 자는 중년 이래로 불우하게 지내다보니 자중하지 않고 글로써 장난거리를 삼아, 때때로 곤궁한 시름과 따분한 심정을 드러냈으니 모두 조잡하고 실없는 말이요, 스스로 배우와 같이 굴면서 남에게 웃음거리를 제공했으니 진실로 이미 천박하고 누추합니다."

　결론부터 말하자. 그래서 어찌 되었느냐고? 박지원은 글자 한 자 써 바치지 않았고, 그 뒤로 그 일은 유야무야되었다.*

───────

* 신호열, 김명호가 번역한 《연암집》(민족문화추진위원회) 본문에서 인용하되, 문맥에 따라 부분적으로 수정했다.

허경란과 《난설헌시집》

몽유
夢遊

새벽부터 시끄럽던 바깥이 드디어 조용해졌다. 경란景蘭*은 웃음을 머금었고, 나는 한숨을 내쉬었다. 경란은 꽉 닫힌 저 문이 영원히 밀폐되기를 바랐지만, 나는 저 문이 활활 불타오르기를 바랐다. 경란과의 동거를 피할 수만 있다면 내 몸의 소멸과도 기꺼이 맞바꿀 터였다. 탁자 앞에 앉은 경란이 조심스럽게 내 몸을 열어젖혔다. 어제와 같은 시를

---

* 이름은 경란, 호는 소설헌小雪軒으로, 작은 난설헌이라는 뜻이다. 허경란에 대한 지식은 홍인숙이 지은 《누가 나의 슬픔을 놀아주랴》(서해문집)를 통해 얻었다. 이 글에 등장하는 시의 번역은 홍인숙의 것을 가져왔다. '나'는 《난설헌시집》이다.

읽는 경란의 목소리가 유난히 가늘게 떨렸다. 낭독에 적합한 아름다운 목소리였으나 나는 조금도 감동하지 않았다. 경란이 많은 시들 중 유독 한 편만을 지극히 사랑하는 이유를 너무도 잘 알고 있었으므로.

> 푸른 바닷물이 구슬 바다에 넘나들고
> 파란 난새鸞鳥가 채색 난새와 어울렸구나.
> 연꽃 스물일곱 송이 붉게 떨어지니
> 달빛은 서리 위에서 차갑기만 하구나.

경란이 지난 열흘 동안 반복해 읽고 있는 것은 나를 만든 주인 난설헌蘭雪軒의 〈몽유광상산시서夢遊廣桑山詩序〉에 등장하는 시였다. 어느 날 꿈속에서 난설헌은 신선들이 사는 광상산의 선녀들을 만나 함께 노닐었고, 그 답례로 시 한 편을 지었다. 아름답고 슬픈 시였으나 경란의 집착에 가까운 반복에는 다른 이유가 있었다. 그것은 바로 난설헌의 동생인 허균許筠이 논한 평 때문이었다.

"우리 누님이 스물일곱에 세상을 떠났으니 스물일곱 송이의 꽃이 떨어진다는 말이 징험이 되었다."

오늘은 바로 경란의 스물일곱 번째 생일이었다. 경란은 자신의 생일이 오기만을 기다리며 열흘 전부터 자신의 방에 틀어박혀 두문불출했다. 물 한 모금 마시는 것과 나를 처음부터 끝까지 반복해 읽는 것이 전부였다. 물론 그중에서도 가장 경란의 눈길을 끈 것은 연꽃 스물일곱 송이 운운하는 바로 그 예언의 시참詩讖이었고.

처음 하루 이틀은 데면데면 두고 보기만 하던 경란의 외조부모는 손녀의 칩거가 사흘이 되고 나흘이 되자 비로소 보통 문제가 아님을 깨달았다. 마음 여린 조모가 나서서 칩거 이유를 물었으나 경란은 입을 꼭 다문 채 아무 말도 하지 않았다. 뒷짐 지고 마당에 서서 둘의 대화 아닌 대화를 지켜보던 조부가 더는 참지 못하고 방으로 뛰어들어 왔다. 조부는 한바탕 호통으로 기선을 제압하려 했으나 경란은 여전히 묵묵부답이었다. 호통이 애원으로 바뀌었고, 애원이 흐느낌으로 바뀌었다. 조모의 눈물까지 뒤섞이니 방 안은 초상집을 방불케 하는 공간이 되었다.

한바탕 울음이 잦아들고 침묵이 찾아오자 경란은 마침내 입을 열었다. 납득이 갈 만한 답변, 그도 아니면 유난히 감상적인 처녀 특유의 치기 어린 변명이라도 나오기를 기대하던 조부모는 약속이라도 한 듯 긴 한숨을 동시에 뱉어냈다. 경란의 입에서 튀어나온 것은 서너 해 전부터 경란이 입에 달고 다니다시피 하던 내 주인 난설헌의 시 〈견흥遣興〉이었으니.

오동나무가 역양 땅에서 자라나
찬 응달에서 몇 해를 견디었느냐.
다행히 세상에 드문 명공을 만나
베어내고 다듬어 거문고가 되었네.
거문고를 만들어 한 곡조를 타도
세상에는 음을 아는 사람이 없네.
이래서 광릉산 묘한 곡조가
시간에 묻히고 말았나보다.

조모는 자신도 모르게 끝 부분을 따라서 읊다 조부의 핀잔에 입을 닫았다. 책이라고는 열어본 적도 없는 그들의 입에서 자연스레 시가 따라 나올 정도가 되기 위해서는 꽤 많은 반복의 시간이 필요했으리라. 경란은 살짝 웃어 보이더니 또 다른 시를 읊었다.

거미는 옛 벽을 타고 오르고
귀뚜라미는 가을 응달진 곳에서 우네.
밤 깊지만 언제나 꿈도 없어서
책상 위의 거문고를 타게 된다네.
거문고 소리 어찌나 맑은지
스스로 맑은 상음 울린다네.
자고 난 새는 숲에서 울고
못가의 달빛은 희미하구나.

처음 듣는 시였다. 낯설기는 조부모 또한 마찬가지였던 것 같다. 그러나 그들은 입만 벌린 채 아무 말도 하지 못했다. 그들의 반응이 이해가 되었다. 칩거 이유를 알기 위해 방 안에 들어온 것이었다. 그런데 경란은 난설헌의 시를 읊더니 이제 생전 처음 들어보는 시로 그들의 정신을 혼란케 하고 있는 것이었다. 감흥에 도취된 듯 잠시 눈을 감았던 경란이 다시 눈을 뜨며 입을 열었다. "제 어머니인 난설헌의 시에 운을 맞추어 지은 시랍니다. 한 편 두 편 지은 것이 벌써 수십 편이 되었습니다. 어떤가요?"

경란의 의도는 자신의 시가 좋은지 나쁜지를 묻는 데 있었겠으나 조부모와 나의 관심은 그 전에 경란이 뱉어낸 말, 그러니까 제 어머니 난설헌이라는 부분에 모아졌다. 조부가 벌컥 화를 냈다. "도대체 무슨 소리를 하는 게냐?"

내게 입이 있더라도 같은 말을 내뱉었을 것이다. 경란의 어머니는 한족이었다. 명나라 백성인 경란의 어머니가 조선 출신의 역관 허순許純과 같이 살게 된 데에는 그 나름의 곡진한 사정이 있었겠지만 그들이 저세상으로 떠난 지 한참이 지난 후에야 경란을 만난 나로서는 그 깊은 내막까지는 알 수가 없다. 분명한 것은 경란의 생부와 생모가 일찌감치 세상을 떠나는 바람에 외조부모가 경란을 맡아 오늘날까지 길러왔다는 사실이다. 그런데 지금 경란은 내 주인인 조선 여인 난설헌이 제 어머니라고 눈 하나 깜짝 않고 거짓말을 하는 것이다. 경란의 말이 이어졌다.

"여태껏 모르셨군요. 하긴 며칠 전 꿈에서 어머니를 만나기 전까지는 저도 그랬답니다. 갑작스럽기는 저 또한 마찬가지라 몇 번이나 진짜냐고 물었지요. 어머니는 그때마다 눈물을 흘리며 한 치 틀림없는 사실이라고 반복해 말씀해주셨지요."

조모는 통곡했고, 조부는 벌떡 일어나 탁자를 주먹으로 쳤다. 경란은 배시시 웃으며 남은 이야기를 마저 끝냈다.

"스물일곱 번째 생일이 되면 어머니가 저를 데리러 오신답니다. 드디어 어머니를 만나게 되는 것이지요."

조부는 경란에게 고함을 친 뒤 밖으로 나갔다. 조모는 경란을 붙잡고 제발 정신을 차리라며 눈물로 애원했다. 경란 또한 조모를 따라서 눈물을 흘렸으나 의미는 완전히 달랐다.

"할머니, 저도 할머니 곁을 떠나는 것이 슬프답니다. 남이나 다름없는 저를 키워주신 은혜를 어찌 잊겠습니까? 하지만 어쩌겠어요, 그렇다고 어머니를 혼자 가시게 할 수는 없잖아요."

조모는 몇 시간을 울기만 하다 밤이 깊어서야 자리에서 일어났다. 경란은 조모의 빈자리를 한동안 바라보다가 아예 문을 잠가버렸다. 그 후 며칠 동안 조모는 아침마다 문을 두드렸고 경란은 귀가 없는 사람처럼 묵묵히 자리에 앉아 나를 읽고 또 읽었다. 하루 이틀 전부터는 조부 또한 문 두드리기에 합세했지만 경란은 돌부처라도 된 듯 꿈짝도 하지 않았다. 그렇듯 부질없는 날들이 지나고 지나 마침내 경란이 제 어머니를 따라간다는 그 기이한 생일을 맞이하게 된 것이었다.

생일이라고 특별한 것은 없었다. 경란에게는 의미 깊은 생일이었겠지만 세계의 입장에서는 그저 많고 많은 날들 중의 하루에 불과했다. 해는 다른 날과 똑같이 동쪽에서 떠서 서쪽을 향해 달려갔다. 한낮에서 오후로 넘어가자 경란의 얼굴에도 초조한 기색이 떠올랐다. 때맞추어 들려오는 조모의 통곡은 단단하기 그지없던 경란의 마음을 조금씩 허물어뜨렸다. 마지막 햇살이 방 안을 비출 때는 경란의 눈가에도 눈물이 맺혔다. 경란은 고개를 서너 번 젓고는 내 몸을 단단히 움켜쥐었다.

"너도 내가 미쳤다고 여기는 거지?"

경란의 눈물이 내 몸을 적셨다. 그 뜨거운 눈물을 견뎌내면서 어둠에 서서히 제 몸을 내주고 있는 방 안을 살펴보았다. 초라한 방이었다. 흔들거리는 탁자와 그 위에 놓인 서너 권의 책, 낡은 장 하나가 경란이 가진 것의 전부였다. 온기를 제공해주는 화로마저 없었다면 밖이나 다름없을 뻔했다. 내 주인이었던 난설헌의 방을 떠올렸다. 빈 벽 곳곳을 장식한 서화와 책장을 가득 채운 책들은 난설헌의 고급스러운 취향과 풍족한 삶을 하나도 숨김없이 그대로 드러냈다. 정교한 나비 문양이 새겨진 촛대와 깊고 은은한 향내를 풍기는 정향, 화려한 색깔의 노리개 또한 쉽사리 구할 수 없는 것들이었다. 경란의 방 구석구석을 점령하고 있는 것은 촛대도 향도 노리개도 아닌 바싹 야윈 거미들이었다. 먹이가 걸리기만을 기다리며 고픈 배를 움켜쥐고 있는 그 많은 거미들을 보고서야 나는 경란에 대해 다시 생각하게 되었다. 경란은 미친 것이 아니었다. 경란이 원하는 것은 단 한 가지, 살아서는 결코 벗어날 수 없는 이 방에서 벗어나는 것이었다. 경란의 유일한 소망은 스물일곱에 죽은 난설헌 뒤를 따라 죽음으로써 자신만의 전설을 완성하려는 것뿐이었다.

해가 지자 방 안은 완전히 어둠에 잠겼다. 무정한 하루가 그렇게 지나가는 것을 바라보면서 경란의 이름을 생각했다. 난설헌을 존경한다는 뜻의 경란, 그 이름이 지닌 무모한 열망과 깊은 슬픔에 대해 내게 입이 있었다면 이렇게 말해주고 싶었다. 실은 난설헌의 인생 또한 경란의 인생과 하나 다르지 않았다는 것을. 명문가의 딸로 태어나 겉보기에 화려한 삶을 살았으나 난설헌은 내내 불행했다. 자식들은 어미보다 앞서 저세상으로 갔고, 든든하던 친정은 기울었으며, 동반자여야 할 남편은 난봉꾼의 길을 충실히 걸었다. 스물일곱 해의 생애 동안에 난설헌이 경험한 것은 사실은 완벽한 비극 그 자체였다. 차이점도 있었다. 난설헌의 비극이 예측 불가능한 성질의 것이었다면 경란의 그것은 그저 숙명이었다. 그 점에서는 난설헌이 오히려 경란을 부러워할지도 몰랐다.

거침없던 하루가 다음 날로 넘어가는 순간 경란은 눈물을 그쳤다. 굳게 닫혔던 문을 열자 기대어 있던 조부모가 그대로 안으로 허물어졌다.

슬픔과 사죄와 안도의 순간이 지나가자 경란의 방은 다시 일상으로 돌아왔다. 몸을 움츠리고 잠든 경란의 눈물 마른 얼굴에 살짝 웃음이 만들어졌다. 어쩌면 광상산에서 난설헌을 만나고 있을지도 모르는 일이었다. 부질없는 상상이었으나 그 순간만은 내 섣부른 추측이 진실이기를 바라고 또 바랐다. 꿈속에서나마 함께 노닌다고 믿는 것, 그것만이 내가 경란에게 줄 수 있는 유일한 위안이었다.

《난설헌시집》 해설

《난설헌시집蘭雪軒詩集》의 편찬자는 허난설헌의 동생인 허균이다. 허균은 누이가 남긴 시문에 자신이 암송한 것들을 보태 《난설헌시집》을 완성했다. 이 시집은 중국 사신 주지번朱之蕃의 손을 거쳐 중국으로 넘어갔고, 이후 조선을 대표하는 베스트셀러가 되었다. 이 시집은 안목이 높은 인사들에게서도 꽤 높은 평가를 받았다. 허균이 가져온 시문을 읽은 유성룡柳成龍의 평가다.

"훌륭하도다. 부인의 말이 아니다. 어떻게 하여 허씨의 집안에 뛰어난 재주를 가진 사람이 이토록 많단 말인가."

주지번은 한술 더 떠 난설헌을 당대 최고 시인의 반열에 올려놓기를 주저하지 않는다.

"또한 그 티끌밖에 나부끼고 나부껴 빼어나면서도 화사하지 않고, 부드러우면서도 뼈대가 뚜렷하다. 저 〈유선사遊仙詞〉 등 여러 작품은 오히려 당대의 시인에 귀소할 정도다."

유성룡이 난설헌의 오빠인 허봉許篈의 벗이었고, 주지번이 허균으로부터 시집을 전달받은 당사자라는 사실은 감안하고 받아들여야 할 것이다.

찬사가 있으면 악평도 있기 마련이다. 이덕무의 평가가 자못 신랄하다.
"부녀자란 생각이 매우 얕고 문견이 넓지 못하기 때문에 이따금 고인古人들의 시집을 장중帳中의 비보로 삼다가, 끝내는 높은 안목이 있는 이에게 그 치기稚氣가 드러나고 만다. 허난설헌은 전겸익錢謙益·유여시柳如是에 의해 너절하게 고시古詩를 표절한 흔적이 거의 여지없이 폭로되고 말았으니, 남의 작품을 표절하는 자들의 밝은 경계라 하겠다."

무지한 탓에 자세한 사정은 모르겠으나 칭찬이 아닌 것만은 분명하다. 어찌 되었건 이 시집이 중국에서 큰 인기를 끈 것만은 분명하다. 박지원의 《열하일기》에 다음과 같은 구절이 등장하는 것을 보면.

> 대체로 규중 부인으로 시를 읊는 것은 애초부터 아름다운 일은 아니나, 이 외국의 한 여자로서 꽃다운 이름이 중국에까지 전파되었으니, 가히 영예스럽다고 이르지 않을 수 없겠다.

애매한 표현이기는 하나 인기를 끈 것만은 분명한 것 같다. 베스트셀러답게 세기를 달리해 여러 차례 간행되었던 《난설헌시집》은 1912년 의미 깊은 부록을 더하게 된다. 〈경란집景蘭集〉이 바로 그것이다. 경란이 지었을 웃음이 눈앞에 선하다.

우정의 간극

첫 번째 만남

조선인 일행이 도착했다. 객당 문 앞에 서서 기다리고 있던 오거스트 폰 할러슈타인(유송령劉松齡)과 안톤 고가이슬(포우관鮑友官)은 공손한 읍揖으로 일행을 맞았다. 나*는 홍대용洪大容을 한눈에 알아보았다. 단정한 복장과 어울리는 그의 온화한 표정은 편지 문구가 거짓이 아님을 여실하게 증명했다. 의례적인 인사가 끝나고 홍대용이 통역을 통해 전한 일

---

* '나'는 《교우론》이다. 《교우론》에 대한 지식은 송영배가 옮긴 《교우론, 스물다섯 마디 잠언, 기인 십편》(서울대학교출판부)을 통해 얻었다.

성은 이러했다. "두 분께 많은 것을 배우고 싶습니다."

할러슈타인이 겸양으로 응대했다. "부족한 저희가 어찌 가르칠 수 있겠습니까?"

완벽한 중국식 예에 따라 이루어지는 접견을 보며 몇 시간 전 홍대용이 보내왔던 편지를 떠올렸다. 편지에 대한 두 사람의 반응은 사뭇 달랐다. 할러슈타인은 고개를 저었고 고가이슬은 웃음을 지었다. 홍대용이 보내온 편지의 내용은 이러했다.

> 새봄을 맞이하여 다복하심을 비옵니다. 저희는 궁벽한 지방에서 생장하였으므로 식견이 어둡고 고루합니다……. 오직 두려운 것은 외국의 비천한 몸인지라 문지기에게 거절을 당할까 주저한 지 여러 날이 되었습니다. 이에 망령되고 경솔함을 돌보지 않고 어리석은 충심을 대강 말씀드리오며, 변변치 못한 토산물이나마 옛사람의 집지執贄하던 뜻을 본받아 올리오니, 여러 선생께서는 살피시어 처리해주십시오.

"만나봅시다."

고가이슬의 말이 떨어졌지만 할러슈타인은 아무런 표정도 몸짓도 내보이지 않았다. 내 오랜 경험으로 볼 때 그것은 승낙의 표시였다. 마테오 리치(이마두利瑪竇)가 기획했던 우정의 방침에 따른다면 고가이슬이 옳았지만 그렇다고 할러슈타인의 미적지근한, 혹은 못마땅한 반응이 그르다고 할 수는 없었다. 지난 몇 년간 천주당을 찾는 조선인의 수는 적지 않았다. 유교에 몰입하는 정도가 중국인 못지않다는 사전 정보가 있었던 터라 기대가 적지 않았다. 그러나 그들에게서 유교를 신봉하는 이들이 지녔을 법한 예의범절을 찾기는 쉽지 않았다. 그들은 제집 물건 대하듯 천주당의 기물들에 함부로 손을 댔고 대화하는 도중 침을 뱉는가 하면 아예 등을 보인 채 저희들끼리 이야기하는 꼴불견의 모습을 여러 차례 노출했다. 이미 스무 해 넘게 중국 생활을 경험한 두 사람에게 그러한 응대가 의미하는 바는 분명했다. 그들에게 천주당은 한낱 호기심의 대상일 뿐이었고, 두 사람은 그 천주당을 지키는 서양 오랑캐에 지나지 않았다. 무례를 견디다 못한 할러슈타인은 조선인 출입 불가를 선언했고, 그 문제에 관한 한 일심동체였던 고가이슬도 묵묵히 고개를 끄덕임으로써 동의를 표했던 것이다. 그렇지만 홍대용이라는 조선인은 조금 달랐다. 그의 편지는 정중했고, 배움에 대한 열망 또한 진심으로 보였다. 함께 보내온 선물도 두 사람의 마음을 움직이는 데 한몫을 했다. 종이·부채·먹·청심환 등은 그리 비싼 물건들은 아니었으나 예라는 형식을 갖추기에는 충분한 것들이었다.

전주곡에 해당하는 의례가 모두 끝나자 홍대용이 마침내 본론을 꺼내 들었다. "천주당 안을 살펴보고 싶습니다."

내부로 들어오자 홍대용의 표정에도 변화가 일어났다. 첫 반응은 경탄이었고, 그다음은 당혹이었다. 마테오 리치를 그린 정교한 초상화가 경탄을 가져왔다면 그에게는 낯선 풍경임이 분명한 마리아 상은 당혹을 불러일으켰다. 일종의 문화적 충격이라 불러야 마땅할 반응들이 사라진 얼굴에 자리한 반응은 뜻밖에도 도도한 자부심이었다. 그 자부심은 천주당 한쪽에 설치된 클라비쳄발로를 발견했을 때 절정에 달했다. 홍대용은 클라비쳄발로에서 눈을 떼지 못했다. "연주를 들어보고 싶습니다."

이번에는 할러슈타인의 얼굴에 당혹과 호기심이 반반 섞인 표정이 떠올랐다. 할러슈타인은 손으로 클라비쳄발로를 쓰다듬으며 대답했다. "연주할 줄 아는 이가 병이 난 까닭에 지금은 불가합니다."

홍대용은 물러서지 않았다. 그 분명한 의사에 할러슈타인은 옅은 한숨을 내쉬었다. 한발 물러서 있던 고가이슬이 나서 건반을 누르며 간단한 시범을 보였다. 고가이슬의 손가락을 주시하던 홍대용은 고가이슬이 물러서자마자 건반에 손을 대더니 몇 차례의 착오 끝에 마침내 중국풍의 곡을 연주해냈다. "이것은 동방의 음악입니다."

연주를 마친 홍대용의 입에서는 클라비쳄발로의 작동 원리에 대한 말들이 쏟아져나왔다. 나는 할러슈타인의 얼굴에 명백히 떠오른 불쾌함을 놓치지 않았다. 눈치 빠른 고가이슬이 할러슈타인의 옆구리를 살짝 찔렀고, 할러슈타인은 오랜 수행자답게 재빨리 표정을 지우고는 칭찬의 말을 뱉어냈다. "설명이 이렇듯 명백하니 전에 와서 본 적이 있으신 모양입니다."

기분 좋은 웃음을 지어 보인 홍대용이 예상치 못한 일격을 가해왔다. "수재秀才는 문 밖에 나가지 않아도 천하의 일을 널리 안다는 말이 있습니다. 선생께서는 어째서 사람을 얕보시는 겁니까?"

발끈하려는 할러슈타인을 제지한 것은 고가이슬이었다. 고가이슬은 밖으로 나가 시계탑을 볼 것을 제안함으로써 어색한 상황을 무마했다. 홍대용은 시계탑에도 지대한 관심을 보였다. 작동 원리에 대해 물어본 것은 물론이고, 사다리를 타고 올라가 시계 여기저기를 면밀하게 관찰하기도 했다. 오랜 시간을 들여 관찰을 마친 홍대용이 그다음으로 보기 원한 것은 바로 두 사람의 침실이었다. 할러슈타인은 고개를 저었고, 이번에는 고가이슬도 그런 할러슈타인을 만류하지 않았다. 홍대용이 떠난 후 두 사람은 가벼운 논쟁을 벌였다. 도출된 결론은 한 가지였다. 역시 조선인을 들이는 결정은 옳지 않았다는 것.

두 번째 만남, 혹은 영원한 이별

며칠 후 홍대용이 다시 찾아왔다. 두 사람은 몸을 빼낼 겨를이 없을 정도로 바쁘다는 이유를 들어 만남을 거절했다. 그러나 홍대용은 그냥 물러나지 않았다. 사나흘을 넘기지 않고 다시 찾아온 홍대용은 여전히 거절이 이어지자 그의 장기라 할 구구절절한 편지를 보내 설득을 시도했다.

> 두 번 찾아와서 가르침을 받고자 하였으나 인접함을 받지 못하오니, 무슨 잘못을 저질렀는지 알지 못하여 부끄럽고 송구함을 금할 수 없습니다. 이에 삼가 하직을 고합니다. 다시는 감히 귀문貴門을 더럽히지 않겠으니 양해와 용서를 바랍니다.

고가이슬이 문지기에게 허락의 말을 꺼내는 것을 듣고도 할러슈타인은 아무 말도 하지 않았다.

어렵게 재회에 성공한 홍대용은 겸손한 문구로 물꼬를 텄다. "천상과 산수를 배우고 싶은 마음에 자주 찾아왔으나 거절을 당할까봐 매우 황송하였습니다. 양해와 용서를 바랄 뿐입니다."

거듭되는 양해와 용서라는 말이 할러슈타인의 마음을 약간이나마 움직였다. 그의 턱이 살짝이나마 아래위로 흔들린 것을 보면. 할러슈타인이 느리게 말을 내뱉었다. "선생께서는 어떠한 것을 알고자 합니까?"

"유교에서는 오륜을 숭상하고, 불교에서는 공적空寂을 숭상하고, 도교에서는 청정淸淨을 숭상합니다. 당신들의 나라에서는 어떤 것을 숭상하십니까?"

"우리나라의 학문은 사람들에게 사랑함을 가르칩니다."

"사랑이란 무엇을 말합니까? 특히 그러할 사람이 있습니까?"

"공자孔子께서도 언급하신 바 있는 상제上帝입니다.《시경》에도 있지 않습니까, 상제는 하늘의 주재라고 말입니다."

분위기는 단숨에 뜨거워졌다. 여태껏 겉돌던 대화가 마침내 핵심으로 접어든 셈이었다. 하지만 잠시 침묵하던 홍대용이 화제를 돌림으로써 간신히 달궈졌던 분위기는 다시 냉랭해지고 말았다. "오성五星의 경위를 재는 법은 어디에서 유래한 것입니까?"

고가이슬이 할러슈타인을 대신해 홍대용의 호기심을 풀어주었다. 홍대용의 질문은 계속되었다. 과학에 대한 지식이 그리 탄탄하지 않은 고가이슬로서는 자칫 난처한 상황을 맞을 수도 있었으나 다행히 끝까지 막히지 않고 답변을 했다. 문답이 끝나자 고가이슬은 홍대용을 망원경이 있는 곳으로 데려가 하늘을 관찰하게 해주었다.

홍대용으로서는 제법 만족스러웠을 만남이었다. 이제 남은 것은 작별뿐이었다. 그러나 홍대용은 잠시 머뭇거리더니 두 사람 중 누구에게랄 것도 없이 질문을 던졌다. "여러분은 아들을 두었습니까?"

할러슈타인이 모멸을 참으려 애쓰며 침착하게 답변했다. "본래 장가를 들지 않았는데 어떻게 아들을 두겠습니까?"

고개를 끄덕거리는 홍대용에게 고가이슬이 갑작스럽게 큰소리를 낸 것은 그 누구도 예상하지 못한 일이었다. 잔뜩 흥분한 고가이슬은 나를 펼치며 말했다. "당신의 식견으로 보건대 이마두의 책을 읽지 않았다는 것은 상상할 수조차 없습니다. 그런데 어째서 그리 무례하게 구시는 겁니까?"

뜻밖의 반격이었건만 홍대용은 놀라지도, 당황하지도 않았다. 나를 집어든 그는 크고 분명한 목소리로 제1칙을 읽었다. "나의 친구는 남이 아니라 곧 나의 절반이자 '제2의 나'다. 그러므로 마땅히 친구를 나처럼 여겨야 한다."

바로 뒤에 이어지는 제2칙, 즉 '친구와 나는 비록 두 몸이지만, 두 몸 안에 마음은 하나일 뿐이다'와 함께. 중국인들의 많은 사랑을 받았던 구절들이었다. 할러슈타인은 짧은 한숨을 토해낸 뒤 홍대용에게 자신의 속내를 숨김없이 털어놓았다. "당신은 참으로 이해하기 힘든 사람입니다. 한편으로는 우정을 갈구하면서도 다른 한편으로는 범접하기 힘든 높다란 성벽 안에 자신을 가두어놓고 있으니 말입니다."

홍대용은 할러슈타인과 고가이슬의 얼굴을 교대로 쳐다보았다. 그러고는 이마두의 초상화 쪽을 바라보며 고개를 저었다. 자리에서 일어나며 그가 남긴 말은 이러했다. "구태소瞿太素는 참으로 용기 있는 사람입니다."

구태소는 마테오 리치에게 자신의 마음을 열어보였던 최초의 중국인이었다. 구태소 덕분에 마테오 리치는 중국에 확고하게 자리 잡을 수 있는 기반을 얻게 되었던 것이다. 홍대용은 왜 구태소를 언급한 것일까? 그러한 구태소가 용기 있는 사람이라고 말한 것은 또 무슨 의미일까? 그의 속내를 알 수는 없었다. 그 말을 끝으로 그는 천주당을 떠났고 그 후로는 일절 연락을 해오지 않았으니.

얼마 후 고가이슬이 할러슈타인에게 그와 관련한 후일담 한 가지를 들려주었다. 홍대용이 원시경遠視鏡을 사러 유리창琉璃廠에 갔다가 중국인 친구들을 새롭게 사귀었다는 것이었다. 편지를 쓰던 할러슈타인은 펜을 놓고는 누구에게랄 것도 없이 이렇게 중얼거렸다. "우정이로군."

고가이슬 또한 천장을 보며 무심한 목소리로 응대했다. "조선인과 중국인의 우정인 게지."

《교우론》해설

마테오 리치가 지은《교우론教友論》에 대한 영향은 조선 문인들의 글 곳곳에서 엿볼 수 있다. 그 선구자 격으로 들 수 있는 인물이 바로 이익李瀷이다.

"집에 외국 책인《교우론》한 권이 있는데 이렇게 적혀 있더군. '벗은 제2의 나다. 몸은 둘이지만 마음은 하나다. 사귐의 맛은 잃은 뒤에 더욱 깨닫게 된다. 있을 때 장차 잃을 듯이 하고 이미 없어도 오히려 있는 듯이 한다.' 읽어보니 모두가 뼈에 사무치는 말이었네."*

절친한 벗이었던 정상기鄭尙驥의 2주기周忌를 맞아 그의 아들인 정항령鄭恒齡에게 보낸 편지의 일부다.《교우론》에 대한 깊은 공감이 느껴진다.

자신의 여행기인《열하일기》에 홍대용이 천주당을 방문해 클라비쳄

---

* 마테오 리치에 관한 지식은 히라카와 스케히로가 지은《마테오 리치》(동아시아)를 통해 얻었다. 이익과 박지원의 글은 이홍식의 논문 〈조선 후기 우정론과 마테오 리치의 교우론〉에서 재인용했다.

발로를 연주하는 장면을 삽입하기도 했던 박지원은 〈회성원집발繪聲園詩跋〉을 통해서는 《교우론》의 모티브를 활용해 글을 전개해나간다.

"옛날에 붕우를 말하는 사람들은 붕우를 '제2의 나'라고 일컫기도 했고, '주선인'이라 일컫기도 했다. 이 때문에 글자를 만드는 자가 날개 우 羽 자를 빌려 벗 붕朋 자를 만들었고, 손 수手 자와 또 우又 자를 합쳐서 벗 우友 자를 만들었으니, 붕우란 마치 새에게 두 날개가 있고 사람에게 두 손이 있는 것과 같음을 말하는 것이다."

《교우론》의 냄새가 곳곳에서 풍겨난다. 그렇다고는 해도 조선인들에게 마테오 리치란 여전히 수용하기 쉽지 않은 인물이었다. 그것은 그가 《천주실의天主實義》의 저자이자 예수회 신부였기 때문이다. 《교우론》과 《천주실의》의 간극은 조선인들로서는 용납하기 어려울 정도로 큰 것이었으므로, "이마두가 이른바 야소교를 부르짖어 사도斯道를 좀먹는 해충이 되었으나" 운운하는 정조의 일성이 당대의 분위기를 여실하게 전달해준다.

차
라
리
무
사
가
되
자

웃음

그저 떠올리는 것만으로도 웃음을 머금게 만드는 장면이 있다. 남자에게는 아내를 맞이하던 날이 바로 그러했다. 갓 혼례를 마친 남자는 달빛에 이끌려 무작정 말을 타고 밖으로 나섰다. 주막에 들러 술 한 모금으로 입을 축인 남자는 잠시의 머뭇거림도 없이 백탑白塔으로 향했다. 백탑 주변은 벗들의 집단 거소나 마찬가지였다. 박지원의 집 북쪽에 이덕무의 집이 있었다. 거기서 서쪽으로 가면 이서구李書九의 집이 있었고, 다시 수십 걸음 걸으면 서상수徐常修의 집이 있었고, 북동쪽으로 발걸음을 돌리면 유득공柳得恭의 집이 있었다. 남자는 박지원의 집을 시작으로 이덕무·이서구·서상수·유득공의 집을 차례로 방문했다. 벗들은 저 스스로 그물에 걸려든 먹잇감을 쉽게 놓아주지 않았다. 가볍게 시작한 축배는 한 잔에서 두 잔, 두 잔에서 석 잔이 되었다가 이내 셀 수 없게 되어버렸다. 사발 가득한 술과 질펀한 농담의 세례에 흠뻑 젖은 남자가 다시 골목을 빠져나온 것은 이미 날이 환해진 뒤였다. 첫날밤을 벗들과의 흥취에 쏟아부은 대가는 컸다. 아내는 현모양처의 도리로 남자를 대하다가도 한 해에 서너 번은 꼭 첫날밤에 느꼈던 당혹과 슬픔을 입에 담는 것을 잊지 않음으로써 남자를 당황하게 만들었다. 물론 아내가 진정으로 남자를 비난하는 것은 아니었다. 하지만 겉으로는 풍류아인 척해도 실상은 아내를 끔찍이 아꼈던 남자의 입장으로서는 목소리도 높이지 않고 차근차근 일의 전후를 짚어가면서 이야기하는 그 빈번한 회상이 여간 마음에 걸리는 것이 아니었다. 남자는 덥수룩한 수염을 만지며 헛기침을 하다 난데없이 아이들 이야기를 꺼냈고, 아내는 가벼운 웃음 한 번으로 서툴기만 한 남자의 작전에 넌지시 넘어가주는 아량을 베풀었다.

그러한 아내와 함께했던 시절은 남자 인생의 전성기이기도 했다. 《대학》과 〈이소離騷〉를 즐겨 읽으며 울분을 삼키던 남자는 중국을 다녀와 견문을 넓힌 뒤, 규장각의 검서를 거쳐 부여현감 자리에까지 올랐다. 서얼 신분으로 수령까지 되었으니 성공한 인생이라 말할 수도 있었다. 하지만 남자는 작은 성공에 만족하지 않았다. 남자의 키는 남보다 한 치는 작았지만 포부로 말하자면 남들의 서너 배는 족히 되었다. 국가를 경영하고 백성을 제도할 학문을 하는 것, 그것이 남자가 이루고 픈 궁극적인 꿈이었다. 물론 쉽사리 이룰 수 있는 꿈은 아니었다. 남자의 키는 작았고, 신분은 극히도 초라했으니. 하지만 남자는 좌절을 몰랐다. 서얼로 태어나 임금의 총애를 받는 몸이 되었으니 어쩌면 그보다 더한 일도 이룰 수 있다는 것이 남자의 소박하면서도 굳건한 믿음이었다. 국정 운영을 놓고 고심을 거듭하던 임금이 제각기 품고 있는 생각을 과감히 드러내라는 지시를 하자 남자는 마침내 칼을 뽑아 들었다. 남들이 보기에는 무디기 그지없는 칼이었지만 남자로서는 중국을 다녀온 이래 줄곧 갈아왔던 잘 벼린 칼이었다. 남자는 스스로의 행위를 미치광이 장님에 비유하며 과감하게 말문을 열었다.

"현재 국가의 가장 큰 폐단은 한마디로 가난입니다. 이 가난을 어떻게 구제하겠습니까? 중국과 통상하는 길밖에는 없습니다."

남자는 중국과 통상하는 방법도 구체적으로 제시했다. 그뿐 아니라 중국에 인재를 보내 공부시킬 것과 서양 사람들을 초빙해 그들의 기술을 전수받자는 의견까지도 덧붙였다. 그것만으로도 사람들을 놀라게 하기는 충분했지만 남자의 발언은 이제 시작이었다. 그 뒤에 이어진 남자의 일성.

"저 놀고먹는 자들은 나라의 큰 좀 벌레입니다. 놀고먹는 자가 날이 갈수록 불어나는 이유는 사족士族이 날로 번성하는 데 있습니다."

남자는 양반들도 장사를 해 제 힘으로 돈을 벌어야 하며, 그러기 위해서는 과거제도도 싹 바꾸어야 하고, 의복 또한 중국 것을 충실히 모방해야 한다고 주장했다. 남자는 자신의 주장을 따르기만 하면 나라가 다음과 같이 싹 바뀔 것이라고 확신에 차 말하기도 했다.

"초가집과 거적때기를 친 대문이 붉은 다락에 화려한 문으로 바뀔 것이고, 도보로 걷고 물을 건너기를 걱정하는 자들이 가볍고 튼튼한 말이 끄는 수레를 탈 수 있을 것입니다. 예전에는 나라의 안녕을 해치던 일이 이제는 나라에 상서로움을 불러들일 것이며, 예전에는 자기를 기만하고 스스로를 피폐케 하던 것이 씻은 듯 얼음 녹듯 풀릴 것입니다."

그날의 과감한 발언을 통해 남자는 두 가지를 얻었다. 그 하나는 임금의 칭찬이었다.

"여러 조목으로 진술한 내용을 보니 너의 식견과 취향을 알 수가 있다."

다른 하나는 당벽糖癖이라는 달갑지 않은 별명이었다.

서얼이 당벽까지 지녔으니 사람들의 삐딱한 시선을 한 몸에 받는 일은 피할 수 없는 숙명이었다. 그러나 남자는 조금도 기죽지 않았다. 남자에게는 보살 같은 아내와 한결 같은 벗이 있었으므로.

그 벗은 남자와는 사뭇 대조적이었다. 남자의 키는 작았으나 벗의 키는 껑충했고, 남자의 성격은 불같았으나 벗의 성격은 봄날 바람보다도 더 따뜻했다. 남자에게 쏟아지는 것은 우박 같은 비난이었으나 벗에게 쏟아지는 것은 그윽한 인품에 대한 쉼 없는 찬사였다. 사람들은 남자와 벗의 우정을 이해하기 힘들어 했다. 사람들은 벗에게 남자를 조심하라는 충고를 심심치 않게 뱉어냈지만 벗은 조금도 개의치 않았다. 벗이 남자를 사귀는 것은 부귀영화와 일신의 평안을 누리기 위함이 아니었기 때문이다. 벗이 남자를 사귀는 것은 그와 함께 있을 때 〈이소〉를 제대로 읽을 수 있기 때문이며, 그와 함께 노닐 때 세상을 제대로 볼 수 있기 때문이었다. 남자가 벗의 초상을 보고 글 한 편을 빠르게 적어낼 수 있었던 것도 그러한 벗의 심사를 정확히 알았기 때문이었다.

"신체는 허약하나 정신이 견고함은 지키는 바가 내부에 있기 때문이요, 외모는 냉랭하나 마음은 따뜻하니 몸가짐이 독실하기 때문이다. 현세에 살면서 숨어 사는 분이여! 먼 옛날 고사의 풍모로다! 그가 쓴 글을 보고 《세설신어世說新語》를 느끼는 이들도 그의 가슴에 〈이소〉가 가득 차 있는 것은 모르리!"

고통

그저 떠올리는 것만으로도 고통스러운 장면 또한 있기 마련이다. 기쁨이 극에 달하면 슬픔이 되는 법이므로. 좋았던 시절은 사실 남자의 회상 속에나 자리하고 있을 뿐이다. 지금 남자에게 남은 것은 아무것도 없다. 아내와 벗은 경쟁하듯 앞다투어 남자 곁을 떠나 다른 세상으로 갔다. 눈 또한 침침해졌다. 처음에는 왼쪽 눈이, 조금 지나자 오른쪽 눈이 잘 보이지 않게 되었다. 안경까지 구해 써보아도 사정은 조금도 나아지지 않았다. 책을 읽고 글을 쓰는 것이 남자의 장기였으므로 눈이 잘 보이지 않게 된 남자는 무용지물이나 다름없게 된 셈이다. 그러나 남자의 불행은 그것으로 전부가 아니었다. 남자는 얼마 전 부여현감 자리마저 잃었다. 불쌍한 백성들에게 돌아갈 죽까지 빼돌렸다는 누명마저 덤으로 썼다. 의금부는 곤장을 치고 유배를 보내야 한다고 주장했지만 임금은 그저 관직을 빼앗는 선에서 일을 마무리 지었다. 임금의 은혜는 고마웠으나 남자에게 있어 관직에서 물러난다는 것은 실상은 유배보다 더한 형벌이었다. 제 손으로 세상을 바꿀 수단을 잃은 것이니 눈에 이어 수족을 모두 잃은 것이나 마찬가지였다. 그렇듯 고통의 한가운데에 풍덩 빠져버린 남자가 할 수 있는 일이라고는 그저 지난날을 돌아보는 일밖에는 없었다. 가장 먼저 떠오르는 것은 손바닥만 한 《맹자

孟子》책이었다. 어릴 때부터 글 읽기를 좋아했던 남자는 아버지가 준 종이로 조그마한 책을 만들어 그 안에 자신이 좋아하는 구절들을 적었다. 그렇게 하면 언제든 책을 펼쳐 읽을 수 있기 때문이었다.《맹자》의 추억은 백탑으로 이어지고, 백탑의 회고는 중국의 풍경으로 이어진다. 남자는 눈을 감고 중국 체험이 만들어낸 서늘한 문장을 읊는다.

"백성들의 생활은 날이 갈수록 곤궁해지고, 재정은 날이 갈수록 궁핍해지고 있다. 이러한 상황임에도 사대부는 팔짱을 낀 채 바라만 보고 구제에는 나서지 않을 것인가? 과거의 습속에 안주해 편안히 지내면서 참담한 실정에는 눈을 감고 있을 것인가?"

그의 얼굴에 퍼지는 자조. 칼날 같은 눈썹과 덥수룩한 수염이 조금씩 흔들린다. 뼈는 썩을지라도 마음은 남는다고 일갈했던 남자, 남과 같이 진부한 말로 추켜세운다면 결코 불후의 인물이 될 수 없을 것이라고 호언장담했던 남자의 흔들림은 나*를 슬프게 만든다. 다행히도 남자는 이내 마음을 다잡는다. 그러고는 붓을 들어 일필휘지로 시를 한 수 지어낸다.

아내도 없이 무관도 없이 이 한 몸만 남아
국화꽃 앞에 초췌하게 허연 머리만 새롭다.
마음 상하기는 예로부터 가을 겨울 무렵이지만
홀로 청산에 올라 옛 친구에게 술을 따르네.**

---

* '나'는《북학의》다.
** 경기도에서 발간한《18세기 조선 새로운 문명기획》에서 안대회의 번역을 그대로 인용했다. 박지원의 편지 번역 글도 마찬가지다. 박제가의 다른 글들은 안대회가 번역한《궁핍한 날의 벗》(태학사)에서 가져왔다.

아내와 벗을 차례로 잃은 남자가 아내와 벗을 언급하기는 이번이 처음이다. 나는 이 시를 남자의 슬픔이 어느 정도 정화된 증거로 받아들인다. 남자는 아내와 벗을 잃고도 그 흔한 제문 하나 쓰지 않았다. 무심해서가 아니라 상심이 극에 달했기 때문이었다. 슬픔에 혼까지 빼앗겼던 남자의 마음 풍경은 남자를 가까이에서 지켜보았던 또 다른 벗 박지원이 지인에게 쓴 편지에 잘 드러나 있다.

그가 조강지처를 잃었는데 또 무관 같은 좋은 벗마저 잃었으니 유유한 이 세상에서 외롭고 쓸쓸해 할 그 모습과 언사는 보지 않아도 상상이 됩니다. 하늘과 땅 사이의 궁지에 빠진 사람이라 할 것입니다.

다시 눈을 뜬 남자는 허공을 바라본다. 어두운 방 안에 홀로 앉아 있는 남자의 모습이 내 가슴을 아프게 만든다. 남자는 이제 다시는 예전의 그가 되지 못할 것이다. 조강지처도, 죽마지우도, 경세의 꿈도 모두 홀연히 사라져버렸으므로. 남자는 깊은 한숨을 토해낸다. 그러고는 뜻밖의 말을 내뱉는다.

"차라리 무사가 되자."

처음에는 터무니없는 소리로만 들렸으나 잠시 생각해보니 절로 고개가 끄덕거려지는 말이었다. 물소 이마에 칼날 같은 눈썹을 지닌 남자, 고독하고 고매한 사람만을 골라 사귀되 권세 많고 부유한 사람은 멀리서 보기만 해도 치를 떠는 남자, 백 세대 이전 인물에게나 흉금을 털어놓고 자신이 태어난 나라보다 중국에서 더 활기를 얻는 남자, 그런 그에게는 어쩌면 무사의 길이 더 어울릴지도 모르겠다. 활을 쏘고 칼을

휘둘러 가슴속 고통을 모조리 없앨 수만 있다면 그 길이 분명 더 나을
지도 모르겠다.

《북학의》해설

1778년 채제공蔡濟恭의 수행원으로 절친한 벗인 이덕무와 함께 중국을
돌아보고 온 박제가는 자신의 경험에 주장을 더해《북학의北學議》를 썼
다. 박지원은《북학의》를 꼼꼼히 읽고 다음과 같은 서문을 썼다.

> 내가 북경에서 돌아오니 재선이 그가 지은《북학의》를 보여주었다.
> 재선은 나보다 먼저 북경에 갔던 사람이다. 그는 농잠農蠶 · 목축牧畜
> · 성곽城郭 · 궁실宮室 · 주거舟車로부터 기와, 대자리, 붓, 자 등을 만드
> 는 방식에 이르기까지 눈으로 헤아리고 마음으로 비교하지 않은 것
> 이 없었다. 눈으로 보지 못한 것이 있으면 반드시 물어보았고, 마음
> 으로 이해하지 못한 것이 있으면 반드시 배웠다. 시험 삼아 책을 한
> 번 펼쳐보니, 나의 일록日錄과 더불어 조금도 어긋나는 것이 없어 마
> 치 한 사람의 손에서 나온 것 같았다. 이러한 까닭에 그가 진실로 즐
> 거운 마음으로 나에게 보여준 것이요, 나도 흐뭇이 여겨 사흘 동안이
> 나 읽어도 싫증이 나지 않았던 것이다.

박지원은 싫증을 내지 않았으나 다른 이들의 반응은 냉담 그 자체였
다. 그러나 박제가가《북학의》에 갖고 있는 애정은 각별했다. 1798년
정조가 농서農書를 구한다는 전교를 내리자 박제가는 10년 전에 발간
했던《북학의》의 내용을 간추려 〈진소본북학의進疏本北學議〉를 임금에게

바친다. 열리지 않는 문을 두드리는 그의 정성이 눈물겹다.

"신은 두목杜牧과 같은 재주가 없으므로 칭찬받을 만한 〈죄언罪言〉같은 글도 짓지 못하였고, 왕통王通에 비하면 부끄러울 정도의 학문이라 감히 그에 비길 만한 책략을 올릴 수도 없습니다. 신은 황공하고 두려운 마음을 이기지 못하며 삼가 죽음을 무릅쓰고 글을 올립니다."

글 하나에 죽음까지 무릅썼으나 그가 얻은 것은 아무것도 없었다. 그건 그렇고 그는 과연 무사가 되었을까? 1794년 박제가는 무과에 응시해 급제했고 오위장五衛將이 되었다. 그러나 기록에 따르면 그 이후에도 그는 결코 행복하지 않았던 것 같다. 키는 작고 꿈은 컸던 그가 조선에 태어난 이상은 어쩔 수 없이 지고 가야 하는 숙명이었는지도 모르겠다.

코
레
아
의
왕

그리멜스하우젠*이 방금 읽기를 마친 내** 몸속 문장들은 다음과 같 았다.

"바타비아 항구에 무사히 도착하여 배가 정박하게 되었음. 우리에게 이토록 은총을 베푸시어, 14년이 넘도록 커다란 시름과 슬픔 속에서

------

* 이지은이 지은《왜곡된 한국 외로운 한국》(책세상)을 통해 그리멜스하우젠에 대한 정보를 얻었 고, 그의 글 또한 이지은의 책에서 인용했다. 지명숙과 왈라벤이 지은《보물섬은 어디에》(연세대학 교 출판부)에 번역된《하멜 표류기》의 내용을 부분적으로 수정해 인용했다.
** 나는《1653년 바타비아 항을 출항하여 타이완을 거쳐 일본으로 향하던 중 수송선 스페르웨르 호가 당한 난파기》다. 우리에겐《하멜 표류기》로 더 잘 알려져 있다.

방황했던 이교도들의 손아귀에서 구해주시어, 이처럼 동족의 품으로 데려다주신 자비로우신 하느님 앞에 감사를 올렸음."

그리멜스하우젠은 내 몸을 거칠게 움켜쥐고는 그대로 탁자 위에 던져버렸다. 얼굴을 잔뜩 찡그리고 차돌 주먹으로 머리를 툭툭 두드리는 그의 모습이 뜻하는 것은 단 하나였다. 내 안에 기록된 무엇인가가 그의 생각을 방해하고 있는 것이었다. 그가 자리에서 벌떡 일어나며 소리를 질렀다. "망할 놈의 하멜!"

목소리가 어찌나 크던지 나도 모르게 몸을 움찔하고 말았다. 그 모습이 그에게 재미있게 보였던 모양이다. 그는 다시 나를 집어 들고는 연인에게 속삭이는 것처럼 콧소리 섞인 목소리로 빠르게 말을 건넸다. "마음에 드는 구석이 아주 없는 것은 아니야. 이를테면 얀 야너스 벨테브레를 만나는 장면은 그대로 소설로 써도 될 만한 훌륭한 소재라고."

그는 말이 끝나기 무섭게 손을 뻗어 나를 들어서는 벨테브레가 등장하는 장면을 읽었다.

"내 이름은 벨테브레, 고향은 레이프이며, 1626년 홀란디아 상선을 타고 조국 땅을 떠났다. 1627년 우베르케르크 호로 옮겨 타고서 일본을 향해 가다가 역풍을 만나 표류했다. 물을 구하러 상륙했다가 주민들에게 붙들렸다."

이어지는 잠시의 침묵. 상황이 종결되었나 싶어 그를 슬쩍 쳐다보았던 나는 이내 터져나오는 커다란 목소리에 놀라 나도 모르게 두 눈을 질끈 감고 말았다.

"내가 감동을 느낀 건 바로 그다음 부분이야. 벨테브레는 슬픈 눈으로 하멜을 쳐다보면서 코레아 사람들이 막 육지에 발을 디딘 자신에게 했던 말을 전달했지. '자네가 새라면 날아서 가고 싶은 곳으로 갈 수 있겠지만, 우리네는 이방인을 나라 밖으로 내보내지 않는다네. 자네 의식주는 보장해줄 테니 이 나라에서 여생을 마칠 때까지 살도록 하게나.' 이 얼마나 문학적인 표현인가? 코레아 사람들, 참으로 훌륭한 감각을 지닌 사람들이지?"

그리멜스하우젠은 다시 한 번 나를 탁자 위에 내동댕이쳤다. 그러고는 포도주를 잔에 따른 뒤 "벨테브레를 위하여!" 하고 외치며 단숨에 잔을 비웠다. 그가 포도주에 심취해 있는 동안 나는 간신히 정신을 차리고는 내가 보았던 벨테브레의 모습을 떠올렸다. 기골이 장대하고 수염이 붉은 벨테브레는 고개를 숙인 채 키가 자신의 반밖에 되지 않는 코레아의 관리 뒤를 따라왔다. 관리가 멈춘 뒤에야 고개를 든 벨테브레는 그제야 하멜 일행을 보았고, 그 순간 자신도 모르게 입을 벌리고는 그 자리에 멈추어 섰다. 코레아의 관리는 의미심장한 웃음을 지은 후 벨테브레에게 무언인가를 말했다. 벨테브레 또한 웃음을 지으며 관리의 말을 대표자 격인 하멜에게 전했다. "이 남자가 어느 나라 사람처럼 보이는가?"

어리석은 질문이었다. 떠듬거리기는 하나 벨테브레의 입에서 나온 언어는 네덜란드어였다. 네덜란드어를 구사하는 이에게 어느 나라 사람처럼 보이느냐고 묻다니 나로서는 도무지 관리의 의도를 짐작할 수가 없었다. 하멜은 믿기지 않는 듯 고개를 가로저으며 우문愚問에 어울리는 현답賢答을 내놓았다. "네덜란드 사람처럼 보입니다."

벨테브레가 그 말을 전하자 코레아의 관리는 세상에서 제일 우스운 농담을 들은 사람처럼 한바탕 웃음을 터뜨렸다. 잠시 후 웃음을 말끔히

지운 그는 벨테브레에게 다시 무언가를 말했고 벨테브레는 조금도 주저함이 없이 그 말을 하멜에게 전했다. "이 남자는 코레아 사람이다."

하멜의 표정에 흐른 당혹감을 설명할 필요는 없으리라. 하멜이 머릿속으로 자신에게 닥친 이해하기 어려운 상황을 정리해가는 동안 벨테브레는 조금 전 그리멜스하우젠이 큰 소리로 읽었던 부분을 떠듬거리는 네덜란드어로 하멜에게 설명해나갔다. 그러고는 떨리는 목소리로 이렇게 자신의 말을 마무리했다. "아무리 사정해도 상황은 조금도 달라지지 않을 것이네."

그 말을 들은 하멜의 심정은 내 안에 또렷이 기록되어 있다. "통역을 구했다는 기쁨이 일시에 낭패감으로 변하고 말았음."

포도주 한 병을 비워버린 그리멜스하우젠은 빠른 걸음으로 거실을 서너 차례 왕복하다가 책장으로 다가가 책 한 권을 뽑아들었다. 그는 그 책으로 내 몸을 툭툭 건드리며 내게 속삭였다. "하멜, 자네의 설명에는 납득할 수 없는 구석이 있어. 자, 내가 읽는 것을 잘 들어보라고."

어느새 그는 나를 하멜과 동일시하고 있었다. 비록 하멜의 항해가 시작됨과 동시에 내 존재가 시작되기는 했으나 그렇다고 내가 곧 하멜인 것은 아니었다. 스스로 존재할 뿐이라고 반론해야 마땅했지만 그가 읽으려 하는 내용이 너무도 궁금한 탓에 나는 아무 말도 하지 않았다.

"세자는 우리의 구원자인 하느님과 관련하여 말하면서 천문학에 관련된 유럽의 서적과 다른 복합적인 과학을 중요하게 생각하며 이해하고 싶다고 말했다. 그에 관한 책을 줄 것을 부탁했다. 세자는 현명한 사람이다. 그는 지금껏 이런 것을 몰랐다고 말했다."

그리멜스하우젠의 손에 들린 책은 중국에서 활동하던 예수회 신부

아담 샬이 쓴《역사적 서술》이었다. 코레아에 머물던 시절 들었던 소문들을 종합해 판단할 때 아담 샬의 책에 등장하는 세자는 소현세자昭顯世子였다. 소현세자의 참혹한 죽음에 관한 소문 또한 당연히 내 귀에 들어왔다. 소현세자를 죽인 이는 같은 코레아 사람, 그것도 가장 가까운 사이여야 마땅할 아비라는 소문 말이다. 아비가 독을 써서 죽인 탓에 소현세자의 사체는 숯처럼 검었고, 온몸의 구멍에서는 피가 물처럼 주르르 새어나왔다고 했다. 그럼에도 아비는 자신의 자식을 죽인 사실을 부인했으며, 죽어서는 인자한 임금이라는 뜻의 영예로운 호칭마저 얻었다고 했다. 부조리한 일이지만 고귀한 가문에서는 흔하게 일어나는 일이기도……. 그리멜스하우젠이 거칠게 나를 펼치는 바람에 내 상념이 중단되었다. 그는 화난 사람처럼 커다란 목소리로 나를 읽어나갔다.

"국왕은 전술한 벨테브레를 통해 제반 사항을 문초하도록 했음. 그에 우리는 성심성의껏 최선의 대답을 올렸음. 국왕 각하를 알현하는 기회를 이용하여 또 다음과 같은 탄원을 올려보기도 했음. '폭풍을 만나 배가 파선되어 이국땅에 발을 딛게 되었습니다. 그래서 부모·처자식·친척과도 생이별을 하고 말았습니다. 부디 자비를 베푸셔서 우리들을 일본으로 보내주십시오. 그렇게만 된다면 우리들은 다시 조국의 품으로 돌아갈 수 있을 것입니다.'

그러나 외국인을 나라 밖으로 보내는 것은 그들의 관습이 아닌지라 '죽는 날까지 살아야 할 것이며, 대신 생계는 유지할 수 있도록 선처해주겠다'는 답변이 위에 수차례 언급한 벨테브레의 통역으로 전달되었음. 국왕은 우리에게 우리나라의 춤과 노래를 시켰음. 또 묘기와 특기 등 아는 건 뭐든 다 자랑해 보이도록 명했음."

그리멜스하우젠은 내 펼친 몸 위에 아담 샬의 책을 겹쳐놓았다. 그러고는 탁자를 두드리며 이렇게 외쳤다. "도대체 어느 기록이 진짜인 건가? 아담 샬은 코레아 세자를 현명한 사람이라고 했어. 그런데 하멜은 코레아 왕을 자기에게 춤이나 추게 하고 그걸 보며 낄낄낄 웃어대는 무례한 남자로 기록했지. 무식한 왕과 현명한 세자의 조합은 도무지 마음에 들지를 않아. 이래 가지고서는 아무것도 할 수가 없다고. 내가 원하는 소설을 도무지 써나갈 수가 없다니까."

그제야 모든 의문이 한꺼번에 풀렸다. 문제는 그가 쓰고 있는 소설이었던 것이다. 그가 나를 택한 것은 자신이 쓰고 있는 소설에 먼 동방의 나라 코레아를 등장시키기 위함이었다. 그런데 코레아에 대한 최신 자료를 습득하기 위해 집어든 내가 그의 머릿속을 혼란에 빠뜨려버렸다. 아담 샬의 책을 통해 얻었던 코레아의 좋은 이미지가 나의 등장으로 산산조각이 나버릴 위험에 처했던 것이다. 내게 입이 있다면 그에게 코레아에 대해 상세히 말해주었으리라. 당신이 아는 코레아의 그 훌륭하고 영민한 세자는 이미 세상을 떠난 지 오래이며 하멜이 만난 코레아의 왕은 그 세자의 동생이라는 사실을, 세자는 아담 샬을 좋아했으나 코레아의 왕은 그를 죽도록 증오했다는 사실을, 두 사람의 아비는 코레아의 왕을 사랑했으나 세자는 증오했다는 사실을, 그리하여 아비는 세자를 죽였고 그 결과 코레아의 왕이 형을 대신해 아비의 뒤를 잇게 되었다는 사실을 하나 빠짐없이 들려주고 싶었다. 그러나 입이 열 개가 있다 해도 그 모든 사연들을 전하는 것이 실은 별 의미가 없을 터였다. 그리멜스하우젠이 그리려는 코레아는 어차피 실재하는 코레아가 아니었다. 그는 그저 자신의 소설 속에 넣기에 적당한 환상적이며 낭만적인 코레아를 찾고 있을 뿐이었다. 그런 의미에서 보자면 하멜이나 아담 샬 또한 마찬가지였다. 하멜에게 있어 코레아는 일본으로 향하다 우연히 도착한 도무지 이해하기 힘든 미개한 나라에 지나지 않았고, 아담 샬에게 코레아는 그 자신이 고백했듯 소현세자의 존재 말고는 '아무것도 알고 있지 못한' 나라에 지나지 않았으므로.

그리멜스하우젠은 포도주 한 병을 더 비웠다. 그러고는 마침내 결론을 내린 듯 펜을 들고 무엇인가를 급하게 써내려갔다. 그는 자신이 쓴 글을 읽은 후 비로소 만족스러운 웃음을 지었다. 나름대로 치열한 고뇌로 하루를 보낸 그리멜스하우젠은 방 한구석의 침대 위에 몸을 던져 잠을 청했다. 그의 코 고는 소리를 들으며 그가 쓴 글을 읽었다. 그의 글은 이러했다.

"떠돌아다니는 타타르인(몽골족)과 니우치 타타르인(여진족)은 나와 몇 가지 중국 상품을 교환했다. 니우치 타타르인들은 나를 이제 막 휴전을 맺은 코레아의 왕에게 특별한 선물로 바쳤다. 나는 좋은 평판을 받았다. 왜냐하면 나만큼 검투에 능한 자가 없었고 또 내가 왕에게 뒤돌아선 자세에서 어깨 위에 총대를 올려놓고 목표물의 중앙 부분을 명중시키는 방법을 가르쳐주었기 때문이다. 이 때문에 왕은 나에게 호감을 갖게 되었다. 내가 공손하게 간청하자 왕은 나에게 자유를 되돌려주었고, 나를 일본을 거쳐 마카오에 있는 포르투갈인들에게로 보내주었다."

결국 또 다른 코레아였다. 하멜과 아담 샬을 읽고 고민에 빠졌던 그리멜스하우젠은 자신만의 코레아를 창조해내는 데 성공했다. 내가 머물렀던 코레아를 떠올려보았다. 조금 전까지 선명하게 떠올랐던 그때의 기억들이 이상하게도 하나 떠오르지 않았다. 내 머릿속 기억들이 한

순간에 심연 속으로 빨려 들어가 완전히 사라져버린 것이었다. 잠시 우울한 기분이 들었으나 안타까움을 느낄 정도는 아니었다. 무엇보다 그리멜스하우젠의 코레아는 제법 내 마음에 들었다. 코레아에 오래 머물렀던 하멜보다는 그가 쓴 코레아가 훨씬 더 그럴듯하게 다가왔다. 역시 뱃사람보다는 소설가의 글쓰기 능력이 훨씬 뛰어났다. 때로는 상상력이 직접적인 관찰보다 더 진실에 다가설 수 있는 법이므로. 나는 그리멜스하우젠처럼 가늘게 눈을 뜨고는 그가 쓴 글을 다시 읽기 시작했다.

《하멜 표류기》해설

하멜 일행이 도착한 곳은 제주도였다. 효종 4년(1653) 8월 6일자 효종실록에는 제주목사 이원진이 올린 보고서가 실려 있다.

"배 한 척이 고을 남쪽에서 깨져 해안에 닿았기에 대정현감大靜縣監 권극중權克中과 판관判官 노정盧錠을 시켜 군사를 거느리고 가서 보게 하였더니, 어느 나라 사람인지 모르겠으나 배가 바다 가운데에서 뒤집혀 살아남은 자는 서른여덟이며 말이 통하지 않고 문자도 다릅니다. 배 안에는 약재藥材·녹비鹿皮 따위 물건을 많이 실었는데 목향木香 94포包, 용뇌龍腦 4항缸, 녹비 2만 7천이었습니다. 파란 눈에 코가 높고 노란 머리에 수염이 짧았는데, 혹 구레나룻은 깎고 콧수염을 남긴 자도 있었습니다. 그 옷은 길어서 넓적다리까지 내려오고 옷자락이 넷으로 갈라졌으며 옷깃 옆과 소매 밑에 다 이어 묶는 끈이 있었으며 바지는 주름이 잡혀 치마 같았습니다. 왜어倭語를 아는 자를 시켜 묻기를 '너희는 서양의 크리스천[吉利是段]인가?' 하니, 다들 '야야耶耶' 하였고, 우리나라를 가리켜 물으니 고려高麗라 하고, 본도本島를 가리켜 물으니 오질도吾叱島라 하고,

중원中原을 가리켜 물으니 혹 대명大明이라고도 하고 대방大邦이라고도 하였으며, 서북西北을 가리켜 물으니 달단韃靼이라 하고, 정동正東을 가리켜 물으니 일본日本이라고도 하고 낭가삭기郞可朔其라고도 하였는데, 이어서 가려는 곳을 물으니 낭가삭기라 하였습니다."

박연에 관한 기록은 윤행임尹行恁의《석재고碩齋稿》에서 찾아볼 수 있다.

"박연의 원래 이름은 호탄만인데, 병서에 밝고 화포를 정교하게 제작했다."

호탄만은 호프만Hopmann이 와전되었을 가능성이 높은데 호프만은 '대장'이라는 의미의 네덜란드 고어였다.*

한편 나가사키로 탈출하는 데 성공한 하멜은 그동안 밀린 봉급을 받아내기 위한 의도로 보고서를 썼다. 이 보고서는 네덜란드에서 책으로 만들어져 인기를 끌게 되고, 이후 오랜 세월 동안 코레아 하면 유럽인들이 가장 먼저 떠올리는 책이 된다.《하멜 표류기》를 우리나라에 최초로 소개한 사람은 이병도李丙燾로, 1934년《진단학보震檀學報》1~3호에 영역본과 불어본을 번역한 내용을 전재했다. 이 원고는 1954년 일조각에서 간행되었다.

하멜은 조선을 탈출하는 데 성공했으나 박연은 조선 여자와 결혼해 살다 조선에서 죽었다. 윤행임에 따르면 박연은 하멜을 만났을 때 옷깃이 다 젖을 때까지 눈물을 흘렸다고 한다. 모국어를 잃어가는 기골이 장대한 남자의 눈에서 흘렸을 그 뜨거운 눈물을 생각하니 왠지 처연해진다.

---

* 박천홍이 지은《악령이 출몰하던 조선의 바다》(현실문화연구)에서 재인용했다.

군자에게는 대도大道가 있다

여자는 이름에 대한 애착이 무척 컸다. 윤지允摯, 주周 문왕文王을 낳아 최고의 성인으로 키워냈던 태임太任의 고향이 지摯였으니 윤지는 결국 태임처럼 살겠다는 뜻이 담긴 이름이었다. 여자의 막냇동생인 임정주任靖周와 시동생인 신광우申光祐가 내 몸에 기록한 글에 따르면 여자는 실제로 조선의 태임이라 불리기에 마땅한 삶을 살았다. 삶의 조각조각 하나가 너무도 완벽한 까닭에 오히려 비현실적인 느낌을 준다는 것이 유일한 흠일 정도로. 임정주는 누이가 어떤 상황에서도 한결같이 성실하고 장엄했다는 문장을 써가며 추모의 글을 시작한다.*

어릴 때부터 빠른 말이나 황급한 거동이 없었고, 천성이 총명하고 영리하셨다. 여러 오빠 형제들을 따라 경전과 역사 공부하는 것을 옆에서 배웠고, 때때로 토론에 참여했는데 사람들을 놀라게 하는 말이 많았다. 둘째 형님께서 기특히 여기시고《효경孝經》·《열녀전列女傳》·《소학》·사서四書 등의 책을 가르치셨는데 누님이 매우 기뻐하셨다. 낮에는 종일토록 여자의 일을 하고, 밤중이 되면 소리를 낮추어 책을 읽으셨다.

이어지는 임정주의 글을 통해 여자는 점점 더 범접하기 힘든 기운을 타고난 거인이 되어간다. 여자는 예닐곱 어린 나이에도 제사 때면 육식을 멀리했고, 어른들이 아직 어리니 그럴 필요가 없다고 충고하면 어미가 먹지 않는 고기를 저 혼자 먹을 수는 없다고 답함으로써 주위를 숙연하게 만들었다. 잠자리에 들기 전에는 저고리와 치마를 정돈해 시렁 위에 올렸고, 아침이 되면 어른들보다 먼저 깨어나 침구를 정돈하고 몸단장을 했다. 여자로 태어난 까닭에 자질구레한 집안일을 하느라 종일 눈코 뜰 새 없이 바빴으나 그것을 핑계 삼아 학문을 게을리하지는 않았다. 깊은 밤 오빠들과 함께 앉아 경전과 역사책을 논할 때면 가만히 듣고 있다 조용히 한마디씩 하고는 했는데 그 말이 그야말로 이치에 탁탁 들어맞았다. 임정주는 오빠들이 내뱉었다는 탄식의 말을 그대로 옮김

---

* 임윤지당에 대한 지식은 이영춘이 지은《임윤지당》(혜안)을 통해 얻었다. 임윤지당·임정주·신광우 글의 번역문 또한 같은 책에서 가져오되, 문맥에 맞게 조금 다듬었다. '나'는《윤지당유고》를 말한다.

으로써 읽는 이의 마음에 신화를 심어놓으려 애를 쓴다. "네가 대장부로 태어나지 못한 것이 한스럽구나."

재미있는 사실은 임정주가 기록하는 여자의 삶은 기실 대장부의 삶과 별반 다르지 않다는 것이다. 그중 인상적인 것은 마음가짐에 대한 여자의 견고한 믿음이다. 그를 증명하는 두 개의 일화 중 첫 번째는 부채론이라 이름 붙일 만한 것이다. 여자는 더운 여름날 공부에 열중하는 자신의 조카들을 지켜보다 이렇게 물었다고 한다. "오늘 공부는 어떠하냐?"

협炆과 흡熻이라는 이름의 조카들은 아마도 무척이나 진솔한 아이들이었던 것 같다. 여자의 질문에 대뜸 속내를 털어놓은 것을 보면. "날이 더워 고통을 견딜 수 없습니다."

이어지는 여자의 질문을 듣고도 순진한 그들은 잠시 후 겪을 수난에 대해서는 조금도 눈치채지 못했다. "너희가 부채질을 하느냐?"

더워서 부채질을 했다는 지극히 자연스러운 답변 뒤에 가해진 여자의 청천벽력 같은 일갈. "정신을 집중하여 책을 읽으면 가슴속에서 자연히 서늘한 기운이 생긴다. 그러니 어찌 부채질할 필요가 있겠느냐? 너희는 아직 헛된 독서를 면치 못했구나!"

두 번째 일화는 추모 글의 당사자인 임정주가 직접 겪은 일로, 두레박론이라고 이름 붙일 만한 것이다. 나이 열한 살 때 한적한 시골을 떠나 번화한 도시 여주에서 살게 된 임정주는 새로 사귄 벗들을 따라 노니느라 공부를 잠시 멀리한다. 여자는 막냇동생을 조용히 불러 이렇게 이른다. "왜 방심한 마음을 거두지 아니하고 두레박처럼 남들을 따라 오르락내리락 놀기만 하느냐?"

여자의 조용하나 핵심을 놓치지 않은 일갈이 임정주의 삶에 미친 영향은 그의 입을 통해 직접 듣는 것이 좋겠다. "내가 지금까지 큰 죄를 면하게 된 것은 실상 우리 누이께서 그때 깨우쳐주신 덕분이다."

이렇듯 흠잡을 데 없는 완벽한 여자였으니 시집에서의 삶 또한 여느 여자와는 달라도 한참 달랐을 터. 여자의 시동생 신광우는 자신의 할머니가 여자에게 했다는 찬탄의 말을 직접 인용해 읽는 이를 설득하려 한다. "손자며느리는 자태와 성품이 참으로 탁월하다. 역시 가정교육에 법도가 있어서 그러한가보다."

신광우가 기록해나가는 여자의 삶은 임정주가 보여주었던 장면들의 데자뷰라 할 만하다. 시어머니가 숙환으로 오랫동안 병석에 누워 있었을 때 측근에서 간병하면서 최선을 다했다, 동서가 난산을 겪었는데 약과 음식을 직접 조리하여 지성으로 간호했다, 일상생활 하는 데에도 법도가 있어서 어른이 앉거나 누운 곳에는 한 번도 가까이 간 적이 없었다…….

이어 신광우는 여자가 한 말 중 기억할 만한 것들을 차례로 인용한다. 물론 범상치 않은 것들이다. 선비가 독서하고 수행하는 것은 마땅히 해야 할 도리를 실천하는 것이다, 군자의 백 가지 병폐는 낡은 옷과 거친 음식을 싫어하는 것에서부터 생겨난다, 처지가 궁색하거나 현달하거나 만사가 형통하거나 좌절되는 것은 오직 천명에 달렸다…….

임정주가 그랬듯 신광우 또한 여자 때문에 자신의 흐트러진 삶을 바로잡을 수 있었다. 남자치곤 제법 진솔한 표현이 의외로 깊은 울림을 준다. "처신할 때 혹시 잘못된 것이 있으면 형수가 알까 싶어 두려워했다."

다소 낯 뜨거울 수도 있지만 여자에 대한 찬탄은 아직 끝나지 않았다. 신광우는 여자가 죽을 때 했다는 말을 덧붙임으로써 여자의 삶을 태임의 삶과 유사한 영역으로 승화시키기에 이른다. "집안일을 바르게 단속하고, 남녀의 출입을 굳게 삼가도록 하라!"

여자는 죽는 그 순간까지도 자신이 살았던 집안의 법도가 혹여 흐트러질까봐 염려하고 있었던 것이다. 실로 이름에 부끄럽지 않은 삶이었다 할 만하다.

그러나 임정주와 신광우의 기록대로라면 오랜 세월이 흐른 지금도 여전히 내가 여자를 기억할 이유는 없다. 그들에게 여자가 태임처럼 살았다는 것은 여자의 삶을 평가하는 데 무척 중요한 잣대였겠으나 내게는 동전 한 푼의 가치도 없는 공치사에 지나지 않는다. 주 문왕을 낳았다는 태임의 삶이 뭐 그리 훌륭했는지 나는 도통 이해할 수 없으므로. 게다가 현모양처의 상징처럼 추앙받는 사임당師任堂 또한 태임에게서 가져온 이름이라는 것을 생각해보면 여자의 삶이 그 아무리 훌륭했다 한들 제대로 빛을 발하기는 애초부터 어려운 상황이었다.

내가 여자를 주목하는 것은 여자가 태임처럼 살았기 때문이 아니다. 오히려 그 반대다. 여자가 태임이나 사임당과는 전혀 다른, 굴곡으로 가득한 삶을 살았기 때문이다. 하나 다행스러운 것은 임정주와 신광우가 여자를 진심으로 존경했고, 그 때문에 여자가 남긴 글을 거의 대부분 문집에 실었다는 사실이다. 그 속에서 찾아낼 수 있는 것은 물론 태임이 아닌 여자의 진정한 모습이다. 이제 내 몸에 똑똑하게 기록된 여자의 육성을 하나 들어보기로 하자.

너는 나를 버리고 어디로 갔기에 한 해가 넘도록 돌아오지 않느냐?
내가 나이 마흔이 넘어 비로소 너를 양자로 삼았으나, 처음 태어난
때부터 너를 안아 길렀다. 너는 일찍부터 나를 친어머니로 여겼고,
나도 너를 친자식으로 여겼다. 네가 젖을 뗄 때부터 내가 먹이고 재
웠으며, 장난감들을 모아놓아 놀고 자는 것을 모두 내 방에서 했다.

태임의 흔적이라고는 찾아볼 수 없는 문장이다. 태임이 사라진 자리
를 채운 것은 너무도 솔직한 비통함이다. 그렇다. 여자의 삶은 기실 비
통함으로 요약된다. 여자는 결혼한 지 8년 만에 남편을 잃었다. 여자가
낳았던 유일한 아이는 몇 해 살지도 못하고 죽었다. 남편이 죽은 뒤 열
해 넘게 혼자 살던 여자는 시동생인 신광우의 아이 재준을 양자로 입적
했다. 재준은 건장한 사내로 자랐고 그것으로 불행은 모두 끝난 듯싶었
다. 그러나 재준의 삶은 스물여덟을 넘기지 못했다. '만사가 형통하거
나 좌절되는 것은 오직 천명에 달렸다'고 선언했던 여자였지만 재준의
죽음을 맞은 후에도 담담하게 살아나갈 수는 없었다. 재준의 영전에 올
린 제문은 다음과 같이 이어진다. "세월이 약이라고 했으나, 나의 고통
은 갈수록 심해진다. 내가 죽어야만 비로소 이 고통이 없어지리라…….
내가 원하는 것은 오직 빨리 죽는 것이다."
  죽음은 갑자기 닥치기도 하나 좀처럼 오지 않기도 하는 법이다. 여자
는 재준을 보내고도 여섯 해를 더 살아남아야만 했다. 그 여섯 해, 비통
으로 가득 차야 마땅했을 그 여섯 해가 실은 여자의 일생에서 가장 빛
나는 부분이라는 것이 나의 생각이다. 여자는 비통을 숨기지 않았다.
그 숨기지 않음으로 인해 도리어 비통에서 벗어나는 길을 찾았다. 여자

의 비통은 사색으로, 문장으로 승화되어 세상에 배출되었던 것. 이를테면 다음과 같은 글들.

> 나의 죄가 지나치게 무거워 천벌을 주심이 이토록 가혹한 것인가?
> 그렇다면 실로 하늘이 나를 이쯤에서 죽게 하시려는 것이다. 그러니
> 다만 정해진 운명을 순순히 받아 원망도 하지 않고 허물도 하지 않으
> 리라. 이 때문에 다음과 같이 잠箴을 지어 스스로 경계하고자 한다.

> 소인은 목숨을 귀하게 여기고
> 군자는 정의를 귀하게 여기네.
> 두 가지를 겸할 수 없다면
> 오직 정의를 따르겠네.

비통에서 벗어나는 길을 문장에서 찾은 것은 사실 여자의 일생에서 처음 있는 일은 아니었다. 신광우는 이와 관련해 흥미로운 기록을 하나 남기고 있다. "시부모도 돌아가시고 형수님도 늙었을 때였다. 간혹 집안일 하다가 여가가 나면, 밤이 깊은 후에 보자기에 싸두었던 경전을 펴놓고 낮은 목소리로 읽었다. 그때 창밖으로 등불이 형형하게 비치는 것을 볼 수 있었다. 그제야 비로소 형수님의 학문에 남모르는 공부가 있었음을 알게 되었다."

어릴 적부터 경전과 역사책을 읽었던 여자는 시집온 뒤로는 책을 읽지 않았다. 그것이 바로 태임을 본받는 방법이라고 생각했다. 그런 여자가 다시 책을 읽고 문장을 짓게 된 것은 연이은 불행 때문이었다. 남

편도, 자식도, 시부모도 없는 여자가 의지할 것이라곤 결국 어릴 적 가까이했던 책과 문장뿐이었다. 비통을 불러온 것, 그리고 여자를 태임에게서 책과 문장으로 되돌리는 역할을 한 것 모두 연이은 불행의 공로였으니 이 불행을 도무지 뭐라 부를 것인가?

아무튼 그런 식으로 어릴 적 벗들과 새로 노닐게 된 여자의 마지막 소망은 자신의 이름이 박힌 문집을 내는 것, 그 하나뿐이었다. 재준이 죽기 전부터 품었던 그 소망은 재준이 죽은 후에는 아예 간절한 열망이 되었다. 여자는 더는 글 읽는 것을 숨기지 않았고, 문장을 짓는 것도 주저하지 않았다. 그런 여자에게 다행스러운 것은 진심으로 여자를 아끼고 존경했던 임정주와 신광우가 곁에 있었다는 사실이었다. 여자가 죽은 후 임정주는 문집을 발간하고 발문에 이렇게 기록한다. "아, 부인들의 저술이 예로부터 얼마나 많았겠는가! 그러나 의미와 이치를 분석한 변론, 성품과 천명을 논한 오묘함, 경의와 성리에 대한 담론은 마치 차 마시고 밥 먹듯이 자유로웠다. 이와 같이 집대성한 일은 아마도 문자가 생긴 이래로 처음일 것이다."

누이에 대한 애정이 절절히 배어 있는 문장이다. 그러나 내가 가장 사랑하는 것은 여자가 남긴 글, 그것도 평생을 품었던 포부가 대학 강독이라는 틀 속에서 느닷없이 드러나버린 문장이다.

"군자에게는 대도가 있으니 반드시 충신忠信으로써 얻을 수 있으며 교태驕泰로써 잃게 된다"고 한 것은 무슨 뜻인가? 이것은 수신에서 평천하에 이르는 도다. '충신'이란 성실을 말한다. 성실하지 않으면 되는 일이 없다. 자신도 수양하지 못하는데 어찌 남을 다스리겠는가?

여자가 꿈꾼 삶이 정말 태임의 삶이었을까? 수신을 넘어서 천하를 평정하려 했던 군자의 삶, 그것이 여자가 진정 원했던 삶은 혹 아니었을까? 모르겠다. 죽은 자는 말이 없으니.

《윤지당유고》 해설

임윤지당任允摯堂이 처음 문집 간행의 뜻을 비친 것은 예순다섯 때인 1785년의 일이다. 윤지당은 자신의 글 중 마흔 편을 추려 임정주에게 보내며 이렇게 덧붙였다.

"이제 노년에 이르러 나도 죽을 날이 얼마 남지 않았다. 문득 하루아침에 갑자기 죽으면 초목과 같이 썩어버릴 것이다. 그래서 집안일을 하는 틈틈이 여가가 날 때마다 글로 써두었다. 그것이 모여 마침내 커다란 두루마리가 되니 모두 마흔 편이다."

《윤지당유고允摯堂遺稿》는 윤지당이 죽은 지 3년이 지난 1796년에 간행이 되었다. 문집에 실제로 수록된 윤지당의 글은 서른다섯 편이다. 사라진 글들의 내용과 행방에 대해서는 알 길이 없다.

윤지당에 대한 조선 유학자들의 평은 대체로 호의적이다. 이규상李奎象과 유한준兪漢雋의 평은 다음과 같다.

> 이학과 문장에 능하였으며 그 제문과 경의를 볼 것 같으면 견식과 문장 솜씨가 일가를 이루어 규방 사이에서의 시 한 수, 글 한 편의 재주와 같지 않다._이규상,《병세재언록幷世才彦錄》
> 풍천 임씨 가문에 여성 군자가 있었으니 그 호가 윤지당이다._유한준,《저암집著菴集》*

깐깐하기 그지없는 선비들로부터 여성 군자라는 인정을 받았으니 윤지당의 삶도 헛된 것은 아니었다. 물론 여자의 삶을 평가하는 데에 선비들의 인정이 꼭 필요한지는 의문이지만.

* 윤지당에 대한 이규상과 유한준의 언급은 김재임의 논문 〈임윤지당의 성리학 연구〉에서 재인용했다.

한교와
《무예도보통지》

병
법
희
비
극

죽은 뒤 유독 인구에 회자되는 이들이 있다. 내 몸에 기록된 한교韓嶠*
란 인물 또한 그렇다. 유학자로서는 드물게 병학에 밝았던 그는 죽기
얼마 전 인조仁祖에게 상소를 올렸다. 후금後金의 공격에 대비해야 한다
는 충언을 자신이 직접 그린 상세한 진법과 함께 올린 상소였으나 고희
를 훌쩍 넘긴 그의 의견에 귀 기울이는 관료는 없었다. 노학자의 경고
를 어긴 대가는 끔찍했다. 그의 시신이 식기도 전에 후금은 국경을 넘

---

* 한교에 대한 지식은 이민희가 지은 《조선을 훔친 위험한 책들》(글항아리)을 통해 얻었다. '나'는
《무예도보통지》다.

었다. 적의 파죽지세에 당황한 인조는 앞뒤 잴 것 없이 서둘러 강화도로 피신하면서 세자 또한 전주로 보냄으로써 목숨 구걸에서만은 그 누구보다 발 빠름을 만방에 알렸다. 불행 중 다행이었던 것은 후금이 조선을 집어삼킬 의도 따위는 손톱만큼도 갖고 있지 않아서 그저 형제처럼 지내겠다는 형식적인 화약을 맺는 데 만족했다는 사실이다. 결과야 어찌되었든 훗날 정묘호란이라 불리는 사태가 일견 진정된 것처럼 보이자 사람들은 그제야 너 나 할 것 없이 한교의 상소를 떠올리게 되었다. 덕분에 그의 장례는 제법 볼만한 것이 되었다. 인조는 호란으로 미루어졌던 그의 장례에 관리까지 파견함으로써 그에 대한 예의를 갖추었다. 유난히 부침이 심한 생을 살았던 그로서는 무덤 속에서나마 웃음을 지었을 터. 그러나 그 웃음은 이내 사라질 수밖에 없었다. 사람들은 전쟁을 예언한 그의 신통방통함만 주목했고, 그가 심혈을 기울여 제시했던 전쟁 방비책에는 눈길 한 번 주지 않았다. 상황이 그러했으니 또 한 차례의 호란으로 나라 전체가 비틀거리게 된 건 어쩌면 너무도 당연한 결말이었다.

　그의 죽음을 전후해 대책 없는 희비극 한판이 벌어진 셈이었으나 기실 이런 종류의 희비극은 그의 생애 내내 벌어졌던 것이기도 했다. 그 최초의 판은 물론 그의 탄생과 함께 벌어졌다. 한 시대를 쥐락펴락했던 한명회韓明澮의 5대손으로 세상에 태어났던 그의 탐스러운 엉덩이에는 서얼이라는 달갑지 않은 꼬리표가 사족처럼 붙어 있었던 것. 제 손으로는 결코 뗄 수 없는 꼬리표라는 사실을 재빠르게 알아차린 그는 하늘을 보며 웃음 한 번을 터뜨리고는 이내 어미의 품 안으로 파고들어 육신의 허기를 채웠다. 후대에 비하면 서얼에 대한 차별이 그나마 덜했던 시절이라는 것이 그에게는 다행스러운 점이었다. 영민했던 그는 성혼成渾의 문하에 들어가 학문을 익혔고 이내 동학들을 압도하는 실력을 보임으로써 두각을 나타내게 된다. 이이李珥의 수제자라 할 김장생金長生과 사단칠정에 대한 논쟁을 벌이면서도 조금도 밀리지 않았다고 하니 그의 학문이 예사롭지 않았음은 분명한 것 같다. 그렇다고 해서 그의 꼬리표가 사라진 것은 아니었다. 사람들은 잊을 만하면 한 번씩 그의 꼬리표를 들추어냈고 그때마다 그는 시뻘게진 얼굴로 바지춤을 단속함으로써 그리 자랑스러울 것 없는 꼬리표를 가려야만 했다. 그러나 남아로 태어나 평생 바지춤만 잡고 살 수는 없는 일. 영민한 그는 의지의 인간이기도 했다. 남보다 더 많은 공부를 함으로써 오점을 극복하겠다는 그의 가상한 노력은 그를 천문·지리·복서·병학의 대가로 만들어놓기에 이른다. 대가 운운하니 그럴듯해 보이기는 했으나 그를 대가로 인정하는 것은 극소수의 사람들뿐이었다. 머리에 갓 쓴 이들에게 잡학이란 없어도 그만인, 혹은 심심파적에 지나지 않는 것이었으므로 대개는 그의 예외적인 성취를 듣고도 흥, 하고 콧방귀만 뀔 뿐이었다.

사태가 바뀐 것은 왜란이 발발하면서부터였다. 평생을 유유자적하며 학처럼 고고하게 살아갈 것 같던 사대부들은 난데없는 오랑캐의 침입에 어찌할 바를 몰라 정신 나간 수탉처럼 발만 동동 구르다가 급기야는 하늘처럼 떠받들던 명나라에 도움의 손길을 요청하기에 이르렀다. 풍전등화의 위기에서 조선을 구하러 온 대국 명나라는 과연 달랐다. 패배라고는 몰랐던 일본군이 평양성 전투에서 이여송李如松이 이끄는 명나라 군에 대패하는 것을 본 조선은 감탄에 놀란 입을 간신히 닫고는 명나라의 병법을 배워야 오랑캐를 물리칠 수 있다는 그다지 새로울 것도 없는 결론을 내린다. 신기에 가깝게 보였던 이여송의 병법이 실은 《기효신서紀效新書》라는 병법서에 수록되어 있는 것이라는 사실을 알아 낸 조선은 재빨리 손을 써 《기효신서》 입수에 성공한다. 그런데 문제가 하나 있었다. 《기효신서》는 분량만도 열여덟 권에 이르는 거질이어서 도통 무엇부터 손을 대야 하는지 알 수가 없었고, 문장 또한 절강 사투 리로 되어 있어 정확히 무얼 말하고 있는지 감 잡기가 어려웠다. 게다 가 무예를 설명하면서 정지 동작 그림 하나만 그려놓아 실제 연속 동작 이 어떻게 이루어지는지는 아예 파악도 할 수 없게 되어 있었다. 위기 에 봉착한 눈먼 장님들이 떠올린 이가 바로 그, 한교였다.

그를 책임자로 뽑은 것은 전쟁 통에 도통 찾기 어려웠던 탁월한 선 택이었음이 이후 그의 행보로 증명이 되었다. 사람들은 그가 잡학에 능 한 줄만 알았지 보기 드문 끈기 또한 소유하고 있음은 미처 알지 못했 다. 그간 갈고 닦았던 병법 지식을 바탕으로 대략의 번역을 마친 그는 명나라 유격장군 허국위許國威를 물고 늘어졌다. 자신과는 하등 관계없 는 전쟁에 지쳐 하루라도 빨리 고국으로 돌아가기만을 기다리는 허국 위였으니 그를 반겼을 리가 없는 것은 불문가지였다. 그래도 그는 포기 하지 않았고 수차례의 헛걸음 끝에 마침내 허국위를 초빙하는 데 성공 했다. 내키지 않는 표정을 숨기지도 않은 채 형식적으로 병법 시범을 보인 허국위는 자신의 소임을 다했다고 생각했으나 그것은 완전한 오 판이었다. 그는 간청, 혹은 읍소로 허국위를 물고 늘어졌고 마침내 허 국위는 그 집요함 앞에 다음과 같은 탄식을 내뱉으며 자신의 지식 보따 리를 풀어놓는다.

"조선의 안위가 어떠할지 알지 못하고 우리의 군사들은 언제 돌아갈

지 알지 못하니 먹는 것이 목구멍으로 내려가지 않으며 오직 목침을 어루만지며 긴 탄식을 할 뿐이다. 그런데 병기에 대하여 거듭 물어오니 할 수 없이 대답하게 된다."

그러한 노력의 결과 조선은 마침내 조총병인 포수와 근접전 전문 병사인 살수를 갖춘 정예군대를 갖추게 되었고, 그 또한 군자감 판관으로 승진하는 영예를 안게 된다. 그러나 그의 탄생부터 함께했던 희비극이 이러한 결정적인 시기에 그를 외면할 수는 없을 터. 아버지와 어머니가 거의 동시에 세상을 떠나는 바람에 그는 자식의 도리를 다하기 위해 어렵사리 맡은 관직을 내놓아야만 했다. 자칫 싱거울 수도 있었을 희비극에 극적 효과를 더한 것은 바로 선조宣祖였다.

"《기효신서》를 전문적으로 배우고 익혔다는 말을 듣고 저번에 그로 하여금 번역해내는 일을 전담시켰습니다. 그런데 그의 부모가 병환으로 함께 죽었다고 합니다. 그가 맡았던 병서를 번역하는 일에 있어서는 그만큼 모두 알아서 잘 편찬할 수 있는 사람이 없으니, 기복起復시키고 급료給料를 주어서 그 일을 마치게 하소서."

부모상을 치르는 대신 관직에 나가게 하라는 선조의 요청을 지체 없이 수용함으로써 그로서는 무척이나 예외였을 실용적인 모습을 보인다. 임금의 명령까지 내렸으니 따르는 것 외에는 다른 방법이 없었다. 이후 몇 년간 그가 보인 성취는 자못 놀라웠다. 집요한 그는 단순히 《기효신서》를 번역하는 것으로는 만족하지 않았다. 기효신서의 원론적인 내용을 보기 좋게 요약해 《기효신서절요紀效新書節要》를 만들었고, 군사 조련과 진법에 대한 내용만을 추려 《조련도식操鍊圖式》을 만들었으며, 곤·등패·낭선·장창·당파·검 등 여섯 가지의 무기를 이용한 무예를 담은《무예제보武藝諸譜》를 만들었다. 세 종류의 병서를 완성한 뒤에야 그는 자리에서 물러날 수 있었다. 국가를 위해 부모상까지 미루었으니 실로 백번을 칭찬해도 부족함이 없을 터. 그러나 앞서 말했듯 그의 인생은 희비극의 반복이었다. 귀향하는 그의 등 뒤에 대고 입을 삐죽거리는 이들이 적잖았다는 사실은 그의 희비극이 여간해서는 끝나지 않으리라는 사실에 대한 노골적인 암시나 다름없었다. 사관은 그 삐죽거림을 냉정한 문투로 정리해낸다.

> 자식이 부모의 상중에 있을 때 임금의 명령이 세 해 동안 그 집에 이르지 않는 것은 천하 사람들에게 효를 가르치려는 것이다. 자신이 안위安危의 기관을 맡고 있어 국가의 경중輕重에 영향을 미친다고 하더라도 본디 예법을 멸절하고 윤기倫紀를 무너뜨려 천하 만세에 죄를 얻게 해서는 안 되는데, 기타에 있어서야 말할 것이 뭐 있겠는가.

자신에 대한 수군거림이 있다는 것은 눈치챘겠으나 한번 잡은 기회를 놓치고 싶지 않기는 그 또한 마찬가지였을 것이다. 부모상을 마치고 관직에 복귀한 그는 훗날 후금으로 결집할 여진에 대한 공격을 제안함으로써 자신의 존재가치를 인정받고자 한다. 그가 내세운 전법은 뜻밖에도 전차를 중심에 내세운 것이었다.《연병지남練兵指南》이라는 새로운 병서까지 들고 와 목소리를 높였으나 이미 왜란은 끝이 난 뒤였다. 잠재적인 적에 대한 방어책이라는 것은 일상으로 돌아온 갓 쓴 이들에게는 뜬구름 잡는 소리로밖에는 들리지 않았다. 산악 지형이 대부분인 조선에는 맞지 않는다는 반론으로 지나치게 열정적인 그를 무마하려 들었으나 실상 그 뒤에 숨은 진짜 목소리는 '미천한 서얼의 주장을 무엇하러 받아들이겠느냐' 하는 것이었다. 한 꺼풀 더 벗겨보면 '부모상도 제때 치르지 못한 불효막심한 서얼의 말'이라 하는 목소리도 들을 수 있었을 테고.

비극은 결코 홀로 오지 않는 법이다. 대북파가 서인 세력을 제거하기 위해 일으킨 계축옥사가 한창이던 때 갑작스럽게 그의 이름이 언급된다.

전 현감 한교는 서얼의 아들로서 마음 씀씀이가 형편없고 행동이 괴상망측하기만 한데 시험에 응시하는 것을 급하게 여긴 나머지 자기 아비의 이름까지 멋대로 바꿨으므로 이 말을 듣고 놀라지 않는 자가 없으니 나국을 명하소서.

광해군의 동생인 영창대군, 영창대군의 외조부인 김제남金悌男, 박순朴淳의 서자 박응서朴應犀 같은 거물급 사이에 한교의 이름이 끼어든 것이다. 누가 봐도 관련 없는 그를 끼워놓은 이유는 단 하나였다. 피비린내 나는 정쟁 상황 속에서 병법을 잘 아는 그와 같은 인물은 자칫 큰 화를 불러올 수도 있다고 판단했기 때문이었다. 결국 그는 별다른 변명도 하지 못한 채 유배 길에 오른다. 그 뒤로도 그의 인생은 희극과 비극을 오가지만 전체적으로는 내리막길이었다. 인조반정에 참여해 공신이 되었다가 이괄의 난을 막지 못한 까닭에 백의종군하는 신세가 되었으며, 반란군이 국왕으로 옹립했던 흥안군을 잡는 데 기여해 복직이 되었다가 아비 이름을 멋대로 바꾸었다는 옛 논란이 각설이처럼 죽지도 않고 되살아나는 바람에 다시 파직되는 기구한 운명을 겪었다. 그러니 죽음을 앞둔 상소와 호란의 발발로 인한 극적인 반전은 그의 인생행로를 돌이켜볼 때 그다지 새로울 것도 없는 일이었다.

우리나라는 해외에 치우쳐 있는 곳이라 예부터 전하는 것은 다만 궁시弓矢 한 가지 기예만 있고 칼과 창은 헛되이 기기만 있지 익히고 쓰는 법은 없다……. 이 때문에 왜적과 대진할 때 왜적이 죽음을 무릅쓰고 돌진해오면 우리 군사들은 비록 창을 차고 칼을 차고 있어도 칼은 칼집에서 뽑을 시간이 없고, 창은 서로 겨루어보지도 못하고 속수무책인 채 흉악한 왜적의 칼날에 꺾인다.

이 치열한 문장들이 실은 그의 인생에 대한 참담한 회고문처럼 느껴지는 것은 도대체 왜일까? 병법 연구에 몰두했던 그의 삶이 내게는 '병법희비극'이라는 괴이한 연희演戲로밖에 느껴지지 않는 것은 또 어인 까닭일까? 아무렴 어떠랴. 결국 그가 있었기에 내가 태어났으니 칼을 높이 들어 감사하면 그것으로 족할 뿐. 그것이 병법서로 살아갈 내가 취할 자세가 아니겠는가.

《무예도보통지》 해설

정조 14년(1790) 4월 29일자 실록에는《무예도보통지武藝圖譜通志》의 완성을 알리는 기사가 실려 있다.

"《무예도보통지》가 완성되었다. 무예에 관한 여러 가지 책에 실린 곤봉·등패·낭선·장창·당파·쌍수도 등 여섯 가지 기예는 척계광戚繼光의《기효신서》에 나왔는데, 선조 때 훈련도감 낭청 한교에게 명하여 우

리나라에 출정한 중국 장수들에게 두루 물어 찬보를 만들어 출간하였
고……."

《무예도보통지》가 한교에게 많은 빚을 지고 있음을 천명한 장면이다.
《무예도보통지》범례는 한교와의 연관성을 더 상세히 설명하고 있다.

"한교의《무예제보》는 6기技를 한 권으로 엮었는데 이것에다 앞뒤에
증보하여 총 24기로 늘이고 책이름을《무예도보통지》라 하였다."

《무예도보통지》의 출간에 관여한 대표적인 인물로는 이덕무, 박제
가, 그리고 백동수白東脩를 들 수 있다. 검서관이었던 이덕무와 박제가
는 책의 편집을 맡았고 장용영 초관 백동수는 기예를 직접 시험해보는
역할을 맡았다. 이덕무·박제가·백동수 모두 서얼이라는 사실이 새삼
눈길을 끈다. 한교의 후예라 불러 마땅할 그들의 소회는 어떠했을까?
이덕무의 글을 통해 그들의 자부심을 읽을 수 있다.

"책이 거의 완성되자 상께서 칭찬하기를 '근래《편서編書》가 많으나
그 범례와 체제 및 조각의 자획이 이 책만 한 것이 없다' 하고 그 판版에
기름을 먹여 오래 전해지도록 하였다."

무엇보다 감동적인 것은 실록에 실려 있는 마지막 문장이다.

"장용영에서 인쇄하여 올리고 각 군영에 반포한 다음 또 한 건은 서
원군西原君 한교의 봉사손奉祀孫에게 보냈다."

희비극을 넘나들었던 한교의 인생은 마냥 헛된 것은 아니었던 모양
이다.

결국은 죽을 것을

어떤 이들은 최부崔溥*가 결국 도루묵 때문에 죽었다고들 한다. 그들이
내세우는 주장의 근거는 이렇다. 연산군燕山君 정권에서 간관諫官으로 일
하던 그는 경차관敬差官의 임무를 수행하느라 열 달 동안 충청도 일대를
돌아보고 왔다. 그리 짧은 기간도 아니었던데다가 간관이기까지 했으
니 하고 싶은 말도 꽤 많았을 것이다. 그럼에도 그가 가장 목소리를 높
인 사안은 뜻밖에도 도루묵 진상에 관한 건이었다.

---

* 최부에 대한 지식은 이종범이 지은 《사림열전 1》(아침이슬)을 통해 얻었다. 《표해록》은 서인범
과 주성지가 옮긴 것(한길사)을 참고했다.

94

"생물生物을 진상할 때 도루묵 같은 것이 십여 개만 되면 반드시 상등 말에 얼음덩이까지 함께 실어서, 뭉그러지지 않도록 길을 배나 달려 몰아갑니다. 이와 같이 하니 말이 병들거나 죽어버리는 일이 잦아 말 한 마리 값이 무명 일백여 필까지도 이릅니다. 빈한한 역리驛吏들이 경비를 갑자기 마련할 수가 없어 가산을 탕진하게 되니 역로驛路가 다 조잔凋殘해졌습니다. 도루묵이 경기 부근에서 나지 않는다면 진상하는 일을 폐할 수 없지만 서울 부근 여러 냇물에서도 많이 나고 있으니, 무엇 때문에 백성을 손상하고 말을 죽게 하면서까지 먼 도에서 가져오는 것입니까? 먼 도에서 나는 고기는 소금에 절인 다음 상납하여 역로의 폐단을 덜게 함이 어떻습니까?"

갑작스러운 도루묵 논쟁의 와중에서도 연산군의 대답은 짧고 분명했다. "위로 삼전三殿이 계시니 내 몸을 위하는 것이 아니다. 들어주지 않는다."

도루묵 건은 그렇게 종결지어졌으나 연산군의 연설은 그것으로 끝난 것이 아니었다. 연산군은 잔뜩 짜증난 심기를 느닷없이 대간에게 돌린다. "지금의 대간은 모두 제가 잘난 줄만 알고 있으니 어찌 옳은 것이랴! 순전히 나를 어린 인군이라 하여 그러는 것이다. 성종 조 26년간의 정치를 내가 동궁東宮에 있으면서 어찌 보고 들은 것이 없겠는가."

차마 제 입으로 말하지는 못했지만 그 뒤에 이어질 문장이 '그러니 나를 무시하지 마라'인 것은 삼척동자라도 능히 알 수 있다. 제법 흥미로운 전개다. 도루묵에 대한 이야기가 '나를 무시하지 마라'로 이어지는 것은 범상한 구성은 아니다. 그러나 기묘하게 느껴지는 부조리극은 아직 끝나지 않았다. 최부는 연산군의 신경쇠약 혹은 자기비하에 가까운 발언을 듣고도 도루묵 냄새 가득한 공세를 멈추지 않는다. 한번 열린 그의 입은 닫힐 줄을 모른다. "인군은 백성으로 나라의 근본을 삼으므로, 백성의 폐단이 있으면 이를 제거하기 위해 온 힘을 다합니다. 그러나 구중궁궐 깊이 거처하니 폐단을 알기가 어려운 것이 문제입니다. 그런데 지금은 알면서도 고치지 않으니 신은 매우 실망할 뿐입니다."

그의 발언의 요지는 간단하다. 알면서도 고치지 않으니 당신은 인군이 되기는 글렀다고 주장하고 있는 것이다. 통쾌한 발언이기는 하나 상대는 연산군이다. 병적으로 예민한 감수성의 소유자인 연산군이 그가 한 말을 잊었을 리가 없다. 몇 해 뒤 자신의 또 다른 장기인 꼼꼼한 기억력을 발휘해 그를 함경도 단천으로 유배 보낸 연산군은 갑자사화를 일으켜 그의 신분을 천민으로 만들어버린다. 물론 그것으로 끝은 아니다. 결국 복수란 손끝에 피를 묻혀야 이루어지는 것이니까. 복수를 완성하려는 열망으로 가득 찬 연산군의 명령은 여전히 짧고 명확했다. "최부를 참斬하라."

흥미로운 것은 최부를 참한 다음 날 연산군이 보인 반응이다. 그는 승지를 불러 넌지시 묻는다. 기록에는 없으나 '심드렁한 표정을 가장하며'라는 구절을 추가하는 것도 나쁘지 않아 보인다. "죽기 전에 최부가 한 말이 있다고 들었다. 무슨 말을 했는지 확인했으면 한다."

과연 그는 무슨 말을 남겼을까? 조금씩 고조되어가던 흥미는 이 부분에서 단박에 깨지고 만다. 그의 죽음을 지켜본 의금부 사령의 답은 이러했다. "최부는 한마디 말도 하지 않았습니다."

연산군이 어떻게 반응했는지 또한 기록에 나와 있지는 않다. 대신 기록자가 남긴 논평이 하나 있는데 이 또한 꽤 음미할 만하다.

"최부는 공렴公廉 정직하고 경서와 역사에 능통하여 문사文詞가 풍부하였고, 간관이 되어서는 아는 일을 말하지 아니함이 없어 회피하는 바가 없었다."

임금이 참하라고 한 이를 사관이란 자가 대놓고 칭찬하는 상황이니 연산군의 하루하루가 그다지 쉽지만은 않았을 것은 너무도 분명해 보인다. 그러나 나*는 연산군의 치세 전반에 대해 논하는 것에 대해서는 하등 관심이 없다. 내 관심은 오직 그가 죽을 수밖에 없었던 이유에만 쏠려 있으니. 무엇보다도 나는 최부가 도루묵 때문에 죽었다는 데 동의하지 않는다. 사람이 물고기를 요리해 입에 넣는 것이지 물고기가 사람을 집어삼키는 것은 아니므로. 그렇다면 내 주장은 도대체 무엇이냐고 묻는 이가 백에 서넛은 분명 있을 것이다. 대개의 이들은 관심조차 가져본 적이 없을 이 해괴하면서도 치졸한 치정극의 냄새를 풍기는 사안에 대한 내 의견은 이렇다. 그가 죽은 것은 그가 죽기를 원했기 때문이라고.

사실 그는 16년 전에 죽었어야 할 사람이었다. 그 16년 전 그에게 칼을 들이댄 것은 도루묵, 혹은 신경과민의 연산군이 아니라 집채 같은 파도가 일백 분의 일 초 단위로 쉴 새 없이 몰아치는 망망대해였다. 책상물림 문관에 지나지 않았던 그가 일엽편주에 몸을 맡기게 된 데에는 몇 가지 사연이 있다. 연산군의 아비 성종은 그를 추쇄경차관推刷敬差官으로 임명해 제주도로 보냈다. 군역을 회피하는 이를 찾아내 군대로 보내고, 신분을 위장한 이들을 찾아내 혼쭐을 내주고, 고향을 무단으로 이탈한 이들을 다독여 집으로 돌려보내는 것이 그의 임무였다. 그 당시

---

* 최부의 《표해록》을 말한다.

유배지로 활용되었던 제주도의 척박한 환경을 감안하면 입을 쭉 내밀고 투덜댔을 만도 한데 그의 반응은 오히려 그 반대였다. 낯선 땅에 대한 호감이 지나친 나머지 아예 제주도에 눌러 살 생각까지 했으니. 다소는 낭만적이고 치기 어린 그의 생각을 막아선 건 오랜 교육으로 단단하게 몸에 박힌 특별한 가치, 즉 충효였다.

구중궁궐 임금님 생각
흰 구름 천 리 어버이 그리움
아직 이 몸은 충효를 다하지 못했으니
차마 어이 방외인이 될 수 있겠는가.

흔들리던 마음을 다잡고 추쇄경차관의 임무에 온 힘을 다하던 그에게 찾아온 것은 뜻밖의 부음이었다. 아비가 세상을 떠났다는 소식에 아름다웠던 제주의 풍광은 온통 슬픔으로 변해버렸다. 그는 서둘러 육지로 떠나는 배를 구했다. 그러나 뜻밖에도 하늘은 그의 편이 아니었다. 향교에서 학생들을 가르치는 김존려金存麗가 그를 만류했다. "제가 이 섬에서 태어났기에 수로를 잘 압니다. 한라산이 흐리거나 비가 와서 일기가 고르지 않으면 반드시 바람의 변고가 있으니 절대로 배를 타서는 안 됩니다."

효를 다하지 못할 두려움에 가득 찬 그에게 현지인의 진솔한 충고가 들어올 리 없었다. 잠시 고민하는 척했던 그는 바람이 조금 잦아들자 출발하기로 결심한다. 대개의 비극이 그렇듯 불행한 예언은 출발하기 무섭게 현실로 나타나고 만다. 그가 내 몸에 표현한 대로 '우박과 대풍이 불어 크고 무서운 파도와 풍랑이 일었는데, 하늘 높이 치솟고 바다를 내리치는 것' 같았다. 상황이 여기까지 이르니 그를 호위하기 위해 따라온 제주 군인들의 입이 뾰족하게 튀어나왔다. 죽음을 목전에 둔 그들에게 중앙 부처 간부라는 그의 지위 따위는 눈에 들어오지도 않았다. 그들은 닥치는 대로 마구 말을 내뱉었다. 물론 열에 아홉은 그에 대한 비난이었다. 비와 바람이 안정되지 않은 때 길을 떠나 이 지경에 이르렀으니 모두 자초한 것이외다, 이와 같은 날에 배를 출발시킨 이가 도대체 누구인가, 우리가 힘을 쓰다 죽느니 차라리 편안히 누워서 죽음을 기다리는 게 더 낫겠다……

그 또한 두려운 것은 마찬가지였다. 헤엄을 칠 줄 아는 것도 아니니 배가 뒤집히는 날이면 바로 익사할 것이었다. 설령 배가 온전하다 해도 육지에 발을 딛지도 못하고 이리 정처 없이 표류하면 결국은 죽음에 이를 것이었다. 자칫 자포자기 심정에 빠질 뻔한 그를 일으켜 세운 건 단하나, 충과 효의 사상이었다. 허공을 맴돌며 눈이 빠지게 아들을 기다리고 있을 아비의 혼령을 생각하니 눈물이 앞을 가렸다. 그는 결코 죽어서는 안 될 사람이었다. 아비의 죽음을 함께하지 못한 것도 이미 큰 죄였는데 혼령마저 외롭게 만들 수는 없었다. 그는 불효자로 죽고 싶지는 않았다. 그는 분연히 자리에서 일어나 일장연설을 토해냈다. "나는 초상을 당해 가는지라 조금도 머물 수가 없었다. 그러니 너희들이 표류하게 된 것은 바로 나 때문이다. 그렇지만 굳이 변명을 하자면 형세가 나쁜 탓도 있었다. 사는 것을 좋아하고 죽는 것을 싫어하는 게 인지상정이다. 살고자 하는 마음은 누구나 있으리라 믿는다. 배가 단단하니 바위만 만나지 않는다면 수리하고 물을 퍼낼 수 있다. 파도가 조용해진다면 표류하여 다른 나라에 도착할 수도 있을 것이다."

내리는 비마저 잠시 멈추게 할 만큼 연설은 자못 감동적이었으나 하늘이 완전히 감응한 것은 아니었다. 파도는 배를 이리저리 내몰아 한 가닥 희망마저 버리게 만들었다. 침몰 직전의 배. 죽어서는 안 될 그였으나 그렇다고 유교의 신봉자가 도술을 부릴 수도 없는 일이었다. 그는 준비해온 상복을 입고 하늘에 빌었다. "저는 세상을 살아오면서 오직 충효우애 하나만을 지키며 살았습니다. 임금의 명을 받들어 제주로 왔다 부친상을 당했고, 서둘러 돌아가다 험한 지경에 이르렀습니다. 제게 어떤 죄와 허물이 있는지는 알 수가 없습니다. 하지만 죄가 있다면 벌은 저에게만 미치게 해주십시오. 저와 같은 배를 탄 이들에게는 아무런 죄가 없습니다. 하늘이 만약 궁지에 빠진 저를 불쌍히 여긴다면 이렇게 바랍니다. 바람을 돌려주고 파도를 그치게 하여 다시 한 번 삶을 얻게 해주십시오. 그리하여 아버지를 장사 지내고 노모를 봉양하게 해주십시오. 임금의 뜰아래에서 예를 다할 수만 있다면 그 뒤로는 죽음을 기꺼이 받아들이겠습니다."

훗날 만연할 야소교의 기도를 떠올리게 하는 그의 기원에 대한 하늘의 응답은 야소교의 경전에도 등장하는 고래를 통해 전해졌다. 파도가 조금 잔잔해지자 뱃사람들은 부서진 돛을 세우고 물을 퍼냈다. 그 와중에 하늘로 거품을 내뿜으며 지나가는 고래 한 마리! 숨죽이며 지켜보던 뱃사람들은 고래가 사라진 것을 확인하고는 이렇게 외쳤다. "큰 고래는 배를 삼키고 작은 고래는 배를 뒤엎습니다. 그런데 고래가 우리를 그냥 지나쳤습니다. 우리는 죽을 지경에서 살아났습니다."

그 뒤로도 수없는 고비가 이어졌지만 뱃사람들의 말대로 죽음의 운명에서는 이미 벗어난 뒤였다. 해적을 만나 옷과 물건을 모조리 빼앗기기도 했고, 육지에 발을 디뎠다가 왜적으로 오인받아 호되게 얻어맞기도 했고, 중국의 관리에게 끌려가 개돼지보다도 못한 대우를 받기도 했다. 그러나 어찌 되었건 다 죽음과는 하등 상관없는 작은 고초들에 지나지 않았다. 그는 결국 살아남았다. 여섯 달 후 마침내 한양에 도착한 그는 임금에게 귀환 과정을 상세하게 고하는 일기를 지어 바친다. "신 최부는 제주 앞바다에서 폭풍을 만나 표류하다가 중국에 정박했습니다. 월남을 지나 연북을 거쳐 지금 6월 14일 한양 청파역에 도착했습니다. 삼가 전지를 받들어 일해의 일기를 기록하여 바칩니다."

여섯 달의 간난고초를 8일 동안에 모두 글로 옮겨낸 그는 이제 두려울 것이 없는 사람이 되었다. 그는 이미 죽은 자였고, 죽음을 이겨낸 자였고, 죽을 날을 선택할 수 있는 사람이었다. 새로 얻은 날들을 소모하는 데에는 여러 가지 방법이 있다. 그가 택한 것은 직언이었다. 다행인지 불행인지 연산군은 직언을 퍼붓기에는 최적의 임금이었다. 그는 문제 많은 임금을 향해 거리낌 없이 자신의 의견을 토해냈다. "전하께서 하는 일을 볼 때에 미진한 것이 있어 천지간에 유감이 없을 수 없으므로, 삼가 한 조목씩 들어 말씀드립니다. 부디 마음을 바로 하십시오. 사소한 오락을 멀리하십시오. 사면하기를 쉽게 하지 마십시오. 궁중을 엄히 다스리십시오, 사람을 쓰고 버리는 일에 조심하십시오."

이 쓰디쓴 충고에 자부심으로 가득한 임금 연산군은 이렇게 답했다. "나를 요순堯舜으로 만들려는 것이니 모두 옳은 말이다. 그러나 상소가 지나치다."

도루묵도, 유배도, 참형도 다 그 뒤에 일어난 일이었다. 다시 한 번 말하지만 그는 도루묵 때문에 죽은 것이 아니었다. 그는 단지 연산군의 칼에 죽기를 원했던 것뿐이었다. 그것이 그의 마지막 선택이자 새로 얻은 날을 소모하는 방식이었다.

《표해록》해설

제주 추쇄경차관으로 임명된 최부는 아버지의 부음을 듣고 성종 19년 (1488) 윤정월 초3일 육지로 향하는 배에 오른다. 태풍을 만나 표류하던 그의 일행은 중국 연해 지역에 표착한다. 예정에 없던 강남 순례를 하게 된 그는 북경에서 요동을 거쳐 다시 조선으로 귀환한다. 성종은 그를 청파역에 머물게 하고는 견문기를 쓰게 한다. 실록의 기사다.

> 전 교리校理 최부가 북경으로부터 돌아와서 청파역에 묵으니, 명하여 일기日記를 찬진撰進하도록 했다. "최부는 쓸 만한 사람인데, 이제 또 만 리를 표박漂泊하였다가 아무 탈 없이 생환하였으니, 그를 서용敍用하는 명은 마땅히 상을 마친 후에 할 것이고, 우선 쌀·콩 약간과 부물賻物을 내려주도록 하라."

이때 쓴 기록이 바로 〈중조문견일기中朝聞見日記〉이며, 이 기록이 활자본으로 간행되면서 붙은 정식 명칭이 바로 《표해록漂海錄》이다. 《표해록》은 두 가지 점에서 놀랍다. 8일 만에 완성했다는 것이 그 하나이며, 사진처럼 정확한 기술이 그 둘이다. 당대인들에게도 놀랍기는 마찬가지였던 것 같다. 실록의 다음 기사가 그 증거다.

금릉金陵에서 제도帝都에 이르기까지의 산천·풍속·습속을 갖추어 기록하지 않은 것이 없으니, 우리나라 사람들이 비록 중국을 눈으로 보지 않더라도 이것으로 하여 알 수 있습니다.

그러나 기록의 당사자인 최부는 자신이 본 것 중 일부만 기록한 것이라고 겸손을 떤다.《표해록》의 마지막 구절이다.

"한 가지를 들으면서 수만 가지를 누락시켜, 두루 열거하지 못하고 대략만 기록할 뿐이다."

겸손이라기보다 자부로 읽히는 것은 나만의 착각일까?

동척과 철규필

아비의 흰머리

동척銅尺과 철규필鐵規筆*을 넣어달라고 했다니. 기하幾何는 도대체 무덤 속에서 무엇을 제도製圖하려는 것인지. 밤새도록 눈이 내리더니 이제는 바람이 분다. 거세게 부는 바람 사이로 눈물이 비치고 흐느낌이 들려온다. 어찌해야 할지 모를 막막한 슬픔 앞에서 내가 떠올리는 것은 따

---

* 동척은 구리로 만든 자를, 철규필은 쇠로 만든 컴퍼스를 뜻한다. 유금에 대한 지식은 박희병이 엮은 《말똥구슬》(돌베개)을 통해 얻었다. 인용된 시문들은 《말똥구슬》과 《정유각집》(돌베개)에서 가져온 것들이다. 인장 관련 부분은 신호열, 김명호가 옮긴 《연암집》(민족문화추진회)에서 인용했다. '나'는 《양환집》이다.

뜻한 차 한잔이다. 눈 내리는 밤, 나귀 타고 찾아온 벗에게 건넨 난초꽃차. 그는 술조차 대접할 수 없는 가난을 부끄러워했으나 흰 눈을 다관에 담아 끓인 차의 향내는 술을 향한 그리움마저 잊게 만들 정도로 곱고 아름다웠다. 다정다감했던 기하, 그는 영원에 대한 꿈을 간직하고 산 남자이기도 했다. 그 큰 꿈이 담긴 공간은 그러나, 매우 좁았다. 작은 돌에 인장印章을 새기는 그를 보고 벗은 이렇게 글을 썼다.

그는 돌을 쥐고 무릎을 바치고서 어깨를 비스듬히 하고 턱을 숙인 채, 눈을 깜빡이며 입으로 후후 불면서, 먹 자국에 따라 누에가 뽕잎 갉아먹듯 파 들어가는데 마치 실처럼 가늘면서도 획이 끊어지지 않았다. 입술을 모으고 칼을 밀고 나가는데 눈썹을 찡긋찡긋하며 힘을 쓰더니, 이윽고 허리를 받치고 하늘을 쳐다보며 '휴!' 하고 긴 숨을 내쉬었다.

또 다른 벗은 노고를 마친 그에게 이렇게 물었다. "자네는 그것으로 도대체 무엇을 하려는 건가?"

기하는 벗의 질문에 담긴 안타까움에는 눈길도 주지 않고 조금의 망설임도 없이 이렇게 대답했다. "손잡이 꼭지에다 새끼에게 젖을 물리고 으르렁대는 사자 한 마리를 새겨놓으면 그 놈이 내 방을 보호할 것이네. 이 믿음직한 인장에 내 이름을 새기고 서책에다 찍어놓으면 어찌되는지 아는가? 서책들은 내가 죽어도 흩어지지 않고, 대대로 보전될 것이네."

그 정도로 끝냈으면 좋았을 것을. 조용하나 깐깐한 벗은 끝내 그의 속을 뒤집어놓고 만다. "진시황秦始皇이 화씨의 벽璧을 깨뜨려 인장을 만들었다네. 그것을 천자의 상징으로 삼고 자신의 가문이 만세토록 천하를 다스리기를 꿈꾸었지. 그런데 그 꿈은 지금 어찌 되었나?"

황제도 영원의 꿈을 이루지 못했다는데 그가 뭐라 답하겠는가. 기하는 그저 무릎 위에 앉아 놀던 아이를 밀쳐내며 이렇게 대답한다. "어찌 네 아비의 머리를 희게 만드는 것이냐?"

느닷없는 사태에 당황해 눈을 둥글리다가 끝내 울음을 터뜨렸던 아이의 모습이 지금도 눈에 선하다. 기하, 내 주인이여. 벗을 탓하지는 마시게. 벗 또한 평생을 무언가를 기대하며 살았고, 그 기대가 끝내 충족되지 못하는 것을 자신의 두 눈으로 똑똑히 목격했기에 그리 말했을 터이니. 그러므로 벗의 깐깐한 투정은 사실은 그에 대한 속 깊은 애정과 염려의 표현이었던 셈이다. 기하 또한 그 사실을 알았을 것이다. 그렇기에 이승을 떠나기 전에 끼적거린 문장 속에서도 벗들을 떠올렸을 터.

지금 병들어 누워 있으니
창가의 나무 퍽 청초하여라.
맑은 바람 뜨락의 나무에 불고
장미는 꽃망울이 맺혀 있고나.
몸 굽혀 새로 지은 시를 적다가
고개 들어 피어오르는 흰 구름 보네.
술을 본래 좋아하는 건 아니나
흥치가 이르면 술잔을 드네.
사내자식 어리석어 책 안 읽어도

딸아이는 내 흰머리 참 잘도 뽑지.
벗은 뭐하러 찾아오는지
주인은 이리 오래 누워 있는데.

이소와 해금

그랬다. 벗들은 기실 그를 무척 좋아했다. 그렇지 않았다면 금방이라도
눈이 내릴 듯한 잔뜩 찌푸린 밤에 막걸리 한 병 사들고 그를 찾아오는
수고로운 일을 하지는 않았을 터. 옆구리에는《이소경離騷經》한 권을 끼
고, 막걸리 병을 흔들며 호기롭게 그의 문을 열어젖히는 벗의 눈에 들
어온 것은 책상에 기대 앉아 웃음을 머금고 있는 그의 모습이었다. 그
를 웃음 짓게 만든 것은 어린 두 딸의 재롱이었다. 벗의 얼굴에도 웃음
이 떠오르는 그 순간 하늘에서는 눈이 똑똑 떨어졌다. 그 눈을 맞으며
벗은 웃음을 슬쩍 지우고는 짐짓 수틀린 척 입을 삐죽 내밀었다. "벗에
게는 눈길도 주지 않는군. 아이들이 그리 좋은가?"

당황한 그는 아이들을 서둘러 방으로 보내고 벗을 들인다. 좀처럼 화
난 얼굴을 풀지 않고 있던 벗은 막걸리를 서너 잔 들이켠 후에야 비로
소 편안한 표정을 보여준다.

내리는 눈을 안주 삼아 둘은 술잔을 비워나간다. 막걸리가 바닥을 드
러낼 무렵 도란도란 이어지던 둘의 대화도 뚝 끊어진다. 갑작스럽게 터
져나오는 벗의 울분.《이소경》위에 놓인 그의 성난 주먹. 벗보다 연상
인 그는 벗의 주먹을 달랠 방법을 안다. 옆에 놓인 해금을 들어〈광릉산
廣陵散〉한 곡조를 연주한다. 유장한 곡조에 벗은 말없이 술잔을 든다. 그
칠 줄 모르고 퍼붓는 눈과 끊길 줄 모르는 음악. 유한한 생 속에 찾아온

무한의 흔적들에 벗의 울분은 연기처럼 사라진다. 마침내 내리는 눈 소리만이 세상을 채운 그 순간 벗은 이렇게 소리친다. "막걸리 맛이 꼭 살구처럼 시기만 하구나!"

그 말을 들은 그도 가만히 있을 수는 없다. "뭐가 그리 불만인 게냐? 그냥 마시고 취하면 될 것을!"

벗은 세상에서 가장 재미있는 농이라도 들은 것처럼 배를 잡고 깔깔거린다. 그 모습을 말없이 지켜보던 그가 한마디를 더 보탠다. "변덕스럽기는. 이번엔 무엇이 그리 즐거운 겐가?"

또다시 터져나오는 벗의 웃음. 그렇게 밤은 깊어가고 눈은 쌓여만 간다. 얼굴이 잔뜩 붉어진 벗이 자리에서 일어선다. 그 행동이 무엇을 뜻하는지 그는 너무도 잘 알고 있다. 그럼에도 짐짓 모른 채 입을 다물고 있자 몸이 단 벗이 먼저 속내를 밝힌다. "올 적에는 달빛이 희미했는데, 취중에 눈은 깊이 쌓였네. 이러한 때 친구가 있지 않으면, 장차 무엇으로 견딜 것인가. 나는 이소 지녔으니 그대는 해금 끼고, 이제 문을 나서 이자李子를 찾아가세."

이자라 하면 인장을 놓고 그에게 깐깐한 투정을 부렸던 바로 그 벗이다. 결국 그날의 술자리는 눈이 그치고 해가 뜬 후에야 끝이 났다. 술과 눈과 흥은 끝났으나 문장과 우정마저 끝난 것은 아니었다. 그와 벗은 시 너덧 편을 이어 지으며 숙취로 무거운 머리를 달랬으므로.

어둑어둑 저자도 끝난 곳에서
등불 하나 나직이 보이는구나.
북두성은 이마 위에 높이 떠 있고

삿갓 서쪽 초승달이 힐끗 보인다.
손님은 이소경을 품에 지니고
눈 오는 한밤중에 나를 찾았네.
그대의 불평한 마음을 알아
광릉산 한 곡조를 연주하노라.

해금은 가락이 붙지를 않고
막걸리는 시기가 살구 같구나.
한 곡조 연주하고 한잔 마시며
무예 그리 즐겁냐고 웃으며 묻네.

등불도 스러지고 추위 더해도
술자리 오히려 벌여 있다네.
홀연히 들려오는 소리가 있어
창밖의 흰 눈에 술이 깨누나.

탄소의 비밀

기하는 재주가 많은 사람이었다. 기하가 기하인 까닭은 그가 기하에 능
통했기 때문이다. 그의 이름이 금琴인 까닭은 그가 거문고 연주에 뛰어
난 실력을 보였기 때문이다. 벗이 묘사한 모습에서 드러난 것처럼 그는
인장을 파는 데에도 능했으며 심지어는 수차를 만드는 재주까지 지녔
다. 기하와 금과 인장과 수차는 벗들을 경탄하게 만들었다. 그는 한 시
대의 뛰어난 인재였다. 벗들은 늘 그의 주위를 맴돌며 그를 경외했다.

그럼에도 그는 가난했고 쓸쓸했다. 그의 자탄 한 구절.

> 그렇고 그런 삼십 년 인생
> 부귀와는 담을 쌓았네.
> 밤비에 수심이 쌓이고
> 추풍에 감개가 많아라.

그 이유는 깊이 탐구할 거리도 못 된다. 그의 벗이 그를 찾아와 투정을 부리고 울분을 터뜨린 것과 동일한 사정을 그 또한 지니고 태어났으니. 그는 서얼이었다. 서얼의 괴로움에 깊이 공감하되, 그 자신은 명문 귀족가의 자제였던 또 다른 벗은 그에게 말똥구슬이라는 별칭을 붙여주었다. 그러면서 벗이 든 것이 바로 한쪽 발에는 목화木靴를 신고 다른 쪽 발에는 갖신을 신었으면서도 부끄러워하기보다는 오히려 당당했던 임제林悌의 사례다. 사실 같기도 하고 전설 같기도 한 그 사례를 통해 벗이 말하고자 한 것은 바로 중中이었다. 오른쪽과 왼쪽의 사이, 목화와 갖신의 사이에 진실은 있는 법, 내가 그대를 말똥구슬이라 부르는 것은 실은 여의주라 부르는 것과 마찬가지니. 아니 보기에 따라서는 여의주일 수도 있고 말똥구슬일 수도 있는 그 사이를 보고 있다는 것이니.

그렇다고는 하나 결국 세상 사람들은 그를 여의주보다는 말똥구슬로 본다는 것이 사태에 대한 냉정한 관찰일 것이다. 그는 이 사태에 어떻게 대처했을까? 이가 성을 지닌 그의 벗은 명문 귀족보다도 더 단단하게 자신의 정신을 채찍질해가며 평생을 살았으며, 박가 성을 지닌 그의 벗은 예리한 칼날 같은 언사로 세상에 자신의 이름을 새겨가며 평생을 살았다. 이가도 아니고 박가도 아닌 그는 그가 쓴 시집에 말똥구슬이라는 이름을 붙였다. 그러고는 이렇게 말했다. "말똥구슬이라는 말이 제 시집 제목으로 너무도 잘 어울립니다."

덕분에 말똥구슬이 된 나는 그의 심중을 읽었고, 그 독서 덕분에 그의 또 다른 이름 탄소彈素, 즉 줄 없는 거문고를 탄다는 그의 이름에 담긴 비밀을 왠지 알 수 있을 것만 같은 기분이 든다.

벗들도 마찬가지일 터. 그가 무덤 속으로 들어가는 지금 그리하여 벗은 나를 쓰다듬으며 이렇게 읊는다.

무릎에 기대 놓고 거문고 타니
강개하여 곡조를 맺지 못했네.

한때 즐거웠던 그들의 추억을 기리며 읊었다고 하나 이 구절을 어찌 기림의 뜻으로만 볼 것인가. 눈이 내리고 바람이 분다. 동철과 철규필은 그와 함께 세상을 하직한다. 기하는 이제 아무것도 제도할 수 없다. 오직 그것만이 쓸쓸하게 느껴질 뿐이다.

《양환집》해설

기하 유금柳琴이 자신의 시를 모아 《양환집蜋丸集》(번역서의 이름은 말똥구슬)을 엮은 것은 1771년, 그의 나이 서른한 살 때의 일이었다. 시집만큼, 혹은 시집보다 더 유명한 것이 박지원이 쓴 서문이다. 임제의 이야기를 소개했지만 황희黃喜 정승의 이야기 또한 무척 재미있다. 이가 옷에서 생긴다고 주장하는 딸과, 이는 살에서 생긴다고 주장하는 며느리 사이에서 고민하던 황희는 이렇게 일갈한다.

"무릇 이는 살이 없으면 생겨날 수 없고, 옷이 없으면 붙어 있지 못하는 법이니…… 이란 놈은 땀내가 푹푹 찌는 살과 풀기가 물씬한 옷, 이 둘을 떠나 있는 것도 아니고, 꼭 이 둘에 붙어 있는 것도 아니거늘, 바로 옷과 살의 '사이'에서 생긴다고 해야겠지."

박지원 · 이덕무 · 박제가와 두루 교우했던 유금의 저서는 모두 산실되고 오직 《양환집》만이 전한다. 그의 인장도 효력이 없었던 모양이다. 그러나 과연 그럴까. 이덕무 · 박제가 · 유득공 · 이서구의 시를 엮은 《한객건연집韓客巾衍集》은 그가 품 안에 넣고 중국에 갔던 덕분에 문명을 얻게 되었다. 《한객건연집》의 성공을 나는 그가 찍었던 인장 때문이라고 믿고만 싶다.

이
점
돌
평
전

이점돌利點乭이 누군지 나*는 모른다. 네 몸 안에 기록된 이도 모르냐는
핀잔을 듣고서야 그의 이름을 찾아보았다. 있었다. 예상에서 한 치도
벗어나지 않는 인물이었다. 이름에서 느껴지는 빈한함 그대로 그는 누
군가의 하인이었고, 방화범이었고, 살기 위해 거짓말도 불사하는 염치
없는 남자였고, 끝내는 참형으로 이승의 삶을 끝낸 보잘것없는 인간이

---

* 나는 바로 《추안급국안》이다. 박은숙이 지은 《김옥균, 역사의 혁명가 시대의 이단아》(너머북스),
박은숙이 번역하고 해제를 단 《추안급국안 중 갑신정변 관련자 심문, 진술 기록》(아세아문화사)에
서 이점돌에 대한 지식을 얻었으며, 본문의 여러 인용문은 후자의 책에서 가져다 쓰되, 문맥에 따라
부분적으로 수정했다.

었다. 지겹도록 들었던 상투적인 반론이 이어졌다. '그것은 매사에 몰인정한 너만의 의견이 아니겠느냐?'

몰인정이라니, 잘못된 용어 선택에 엄중 항의하는 바다. 나는 몰인정한 것이 아니라 객관적이고 냉정한 것이다. 그것들은 나를 이루는 근간들이기도 하다. 정확한 해명에도 혀를 차는 소리는 도무지 끊이지를 않는다. 나는 흥분하지 않는다. 맹자孟子가 말했듯 군자는 천하의 백성들을 모두 편안하게 만들기 위함이 아니면 성내는 법이 아니므로. 하여 나는 쓸데없는 말을 덧붙이는 대신 이점돌에 대한 기록을 꺼내 보여주기로 한다. 험한 입은 제발 다물고, 눈을 크게 뜨고 똑똑히 보시라.

죄인의 신원

아버지 이중석은 죽었고, 어머니 현소사는 생존해 있었다. 할아버지와 외할아버지는 죽었으나 그들의 이름은 모른다. 철원 읍내에서 태어났으며 훗날 북부 대안동으로 이주했다. 처와 아들이 있었는데, 그가 처형당한 후 처는 경상도로, 아들은 전라도로 유배를 갔다.(벌을 받지 않은 현소사가 어찌 되었는지는 기록이 없어 알 수가 없다. 유감을 표한다.)

대역죄인과의 인연

시골 사람이던(편견이 섞인 표현이 아니다. 그가 쓴 표현 그대로임을 알아주기 바란다.) 이점돌은 상경하여 3년간 김옥균金玉均의 행랑에 거주했다. 그는 김옥균을 따라 일본에 갔다가 1884년 4월에 귀국했다.(여기에 대해서는 부득불 좀더 보완할 필요가 있음을 절실히 느낀다. 주절주절 덧붙이는 것은 내 성향에 맞지 않으나 이후 이어지는 그의 진술들을 이해하기 위해서 불가피한 조치임을 부디 이해해주시기를! 1883년 10월, 고종高宗은 김옥균을 호조참판과 외아문 협판에 임명했다. 외아문의 정식 명칭은 '통리교섭통상사무아문統理交涉通商事務衙門'이라는 다소 장황한 것인데, 거칠게 요약하자면 외교와 통상 업무를 관장하는 관청이라 말할 수 있겠다. 아무튼 외아문 협판 김옥균은 일본에 차관을 요청하기 위해 갔고, 일본에서 있었던 오만 가지 잡사에는 별 다른 관심이 없으니 결론만 말하자면 그 일은 실패로 끝이 났다. 복잡한 명칭에 비하면 너무도 허무한 이 일본행에 이점돌도 함께했던 것이다.)

5월에 이점돌은 김옥균을 따라 박영효朴泳孝 부인의 묘소 아래에 갔다. 생도들은 총을 가지고 왔고, 그들은 사흘 동안 머물며 수렵을 했다.(안타깝지만 이 부분도 그냥 넘어갈 수는 없다. "박영효 부인의 묘소"라는 말 때문이다. 박영효에게는 여러 명의 부인이 있었지만 공식적인 부인은 없었다. 이상한 말처럼 들리지만 틀림없는 사실이다. 수수께끼의 해법은 박영효가 철종哲宗의 딸 영혜옹주永惠翁主와 혼인했다는 것에 있다. 옹주는 혼인한 지 석 달 만에 죽었다. 그런데 왕실 법에 따르면 부마는 정식 재혼을 할 수 없게 되어 있었다. 그리하여 다른 부인을 두게 된 것이다. 물론 한 명이 아닌 여러 명을 둔 것은 법도가 아니라 전적으로 박영효의 취향임을 부연해둔다.)

10월에 이점돌은 박영효가 '개화인은 적고 완고인은 많다'고 하는 말을 들었다. 물론 박영효가 직접 그에게 말한 것은 아니고, 불을 때던 이점돌이 방 안에서 열변을 토하는 박영효의 말을 엿들은 것이었다.(박영효의 청지기인 김봉균金鳳均의 진술을 부연하는 것이 좋겠다. 그에 따르면 박영효가 수시로 하는 말은 이러했다. "실제 개화당은 몇 사람 없고 모두 완고당이니, 개화의 효험이 어느 날에나 있게 될지 모르겠다." 아무튼 대역죄인과의 인연을 대략적으로 살펴보았음에도 이점돌은 김옥균이 아끼고 신뢰하는 인간이었음을 똑똑히 알 수 있다. 이는 이점돌이 여간해서는 파렴치한 죄인의 굴레를 벗어나기 어렵다는 뜻이기도 하다.)

흉악한 죄의 정황

화란禍亂이 벌어졌던 1884년 12월 17일 우정국 연회 때 이점돌은 바로 그곳에서 술과 안주를 준비하고 있었다. 김옥균은 그에게 다른 곳으로 가지 말라고 부탁을 했고, 이점돌은 김옥균의 말을 충실히 따랐다.(거짓말이다. 이어지는 진술에 따르면 이점돌은 생도 신중모申重模 등이 함께 가자고 하자 별다른 저항 없이 그들을 따라갔다. 그들이 김옥균의 이름을 들먹였기에 그랬다고는 하지만 설득력이 떨어진다. 김옥균이 이점돌을 얼마나 아끼고 신뢰했는가는 이미 살펴본 바와 같다. 내 생각은 이렇다. 이점돌은 김옥균이 가라 했기에 간 것이다. 그것은 사전에 모의가 되어 있었다는 뜻이다. 심문관 또한 이 부분을 놓치지 않았다. 이탈하지 말라는 명령을 받았음에도 이탈하여 불을 지른 이유를 묻자 이점돌은 도무지 앞뒤가 맞지도 않는 답변을 한다. "나는 단지 김옥균의 분부를 따랐을 뿐, 실제로 아는 바가 없습니다. 비록 죽음에 이른다고 해도 진술할 말이 없습니다.")

이점돌은 생도들과 함께 빙고동氷庫洞으로 갔다. 생도들은 폭약이 어디 있느냐고 물었고 이점돌은 놀라서 이렇게 되물었다. "장차 어디에 쓰려고 합니까?"(실소를 금할 수 없다. 김옥균이 이점돌을 총애한 이유를 알 만하다.)

이점돌은 '생도들의 강권으로 어쩔 수 없이' 민가에 불을 질렀다. 그러고는 도망하여 김옥균의 집으로 돌아왔다.

18일 아침이 되자 이점돌은 김옥균이 고종을 모시고 머물고 있는 경우궁景祐宮으로 갔다. 밥상까지 차려 들고 갔지만 김옥균을 만나지는 못했다.(심문관은 김옥균을 보았느냐고 물었지만 이는 지나친 추측인 것 같다. 화란의 주동자인 김옥균의 머리는 몹시도 복잡했을 것이고, 수족은 제 수족이 아닌 것처럼 바쁘게 움직였을 것이다. 그런 마당에 이점돌을 만날 틈이 있었겠는가?)

19일 아침 김옥균으로부터 명령이 내려온다. 종로에 가서 돈 팔백 냥을 찾아오라는 것이었다. 이점돌은 김옥균의 명령을 착실히 수행한다. 그러고는 다시 집으로 오는데 거리에는 포성이 끊이지 않았다.(청군의 공격이 시작된 것이었다.)

김옥균의 다른 하인들은 우왕좌왕했지만 이점돌은 달랐다. 그는 김옥균의 처를 재동 유혁로柳赫魯의 집으로 보내고 자신은 김옥균의 서조카 집에 머물다가 고향으로 피신했지만, 결국은 관헌들의 손에 사로잡혔다.(그날 저녁 김옥균은 일본 공사관으로 피신했다. 그러고는 나흘 후 인천에서 배를 타고 일본으로 떠났다. 같은 화란의 주역인 홍영식洪英植이 고종을 호위하다 살해된 사건과 비교해보는 것도 재미있을 것이다.)

자복

이상 살펴본 바와 같이 이점돌이 지은 죄는 숨기려야 숨길 수가 없을 정도로 명확하다. 그럼에도 이점돌은 쉽사리 죄를 인정하지 않았다. 때문에 네 번에 걸친 심문이 이루어져야만 했다.

1차 심문에서 완강한 태도를 보이던 이점돌은 2차 심문부터 조금씩 자신의 죄를 인정하기 시작한다.(심문관의 노련함 때문이기도 하고, 지은 죄를 속일 수 없는 일말의 선한 마음이 존재하기 때문일 것이다. 혹자는 2차 심문 때부터 가해진 매질 때문이라고 한다. 매질이 입을 연 것일 수는 있다. 그렇다고 없는 죄를 만들어 고백하지는 않았을 것이라고 나는 믿는다.) 그러나 그 인정이라는 것이 남자다운 속시원한 인정은 아니다. 이를테면 이렇게 미적지근하게 고백하는 것이다. "생도 세 명 때문에 따라가 방화함에 이르렀을 뿐입니다."

자복하지 않는 죄인에 너무도 익숙한 심문관은 3차 심문의 필요성을 역설한다. "방화를 거행한 것을 자복하였습니다. 정황을 따져보면 마땅히 더욱 자세히 조사하여야 하니, 다시 엄한 형벌을 가해 범죄의 실정을 알아내게 하십시오."(엄한 형벌, 범죄의 실정이란 용어 선택에서 심문관의 노련함이 다시 한 번 느껴진다.)

3차 심문에서 심문관은 집요한 추궁으로 이점돌의 마음을 사로잡아 간다. "네가 17일 밤에 방화를 거행한 것은 이미 자수하였다. 이 한 가지 일로 미루어보아도 평일의 비밀스러운 의논과 그 자리의 흉패한 일들에 대해 몰랐을 리가 없다. 우물쭈물 얼버무리지 말고 어서 진술하여라."

이제 이점돌의 기세는 완연히 꺾였다. 그의 답변이다. "하인의 미천한 무리가 어찌 내막을 알겠습니까?"(자신의 미천함을 드디어 인정한 것이다.)

심문관이 "방화의 일은 네 스스로 생각해도 죽어서도 남는 죄가 있을 것이다"라고 말하자 이점돌은 "지당합니다. 이 외에 달리 진술한 말이 없습니다"라고 답함으로써 꼬리를 내린다.

4차 심문이 되자 이점돌은 아예 눈물을 쏟아내며 용서를 구하기에 이르렀다.

"나는 스스로 그 죄가 만 번 죽어도 아까울 것이 없다는 것을 알고 있습니다. 자복을 다짐하오니, 상고하여 처리하실 일입니다."(혹자는 이에 대해 매를 이기지 못해 할 수 없이 인정한 것이라고 말한다. 하지만 앞에서도 언급했듯 죄가 없다면 자복할 이유가 없다. 죄가 있으니 매가 두려워 자복을 하는 것이다.)

결안結案

하인의 비천한 무리로 역적의 집에 거처했으며, 신임은 수족과 같았고, 출몰함은 귀신과 같았습니다. 역적 우두머리의 사특한 모임에 한 시라도 따르지 않음이 없었고, 지극히 참혹하고 패악한 말에 이르러서는 한 가지라도 알지 못함이 없었습니다. 17일 밤 우정국 연회에서는 중요한 임무를 도맡아 주관하고, 빙동의 변란을 특별한 공로로 자처하였습니다. 진술한 말이 정확하고 단서가 드러났으며, 스스로 반드시 죽여야 할 죄를 범하였으니 어찌 응당 시행해야 할 형률을 피할 수가 있겠습니까? 모반대역부도謀反大逆不道가 틀림없습니다.

판결

때를 기다리지 않고 참형에 처할 일입니다.(또다시 설명이 필요한 부분이다. 대명률에 따르면 모반대역부도 죄인은 능지처참하게 되어 있다. 그런데 이점돌은 참형으로 죽었다. 이는 그의 죄가 모반부도로 감해졌기 때문이다. 왜 그랬을까?)

 이점돌은 1884년 12월 13일 참형으로 생을 마감했다. 나는 이제 이점돌을 안다. 이점돌은 이름에서 느껴지는 빈한함 그대로 누군가의 하인이었고, 방화범이었고, 살기 위해 거짓말도 불사하는 염치없는 남자였고, 끝내는 참형으로 이승의 삶을 끝낸 보잘것없는 인간이었다. 자세한 증거까지 제시했으니 더는 나더러 이러니저러니 토를 달지는 않았으면 좋겠다. 하나, 마지막으로 하나만 더 말하겠다. 그의 여러 진술들은 대부분 듣기에 거슬리는 것이었지만 2차 심문 때 무심코 내뱉은 한마디는 조금은 다른 느낌이었다. "나는 상놈인데, 어찌 뜻을 얻는 것이 있겠습니까? 단지 지시를 따랐을 뿐입니다."

 그냥 그렇다는 것이다. 아마도 그는 '상놈'이라는 자신의 신분이 끝내 못마땅했던 것이겠지. 그렇다고 그의 죄가 사해지는 것은 아니니까 결국 달라지는 것은 아무것도 없다.

《추안급국안》해설

 《추안급국안推案及鞫案》은 의금부에서 왕명에 따라 국가의 중대죄인을 심문한 기록들을 모은 책으로 총 331책에 이른다. 선조 34년(1601)부터 고종 29년(1892)년까지의 심문 기록이 담겨 있는 까닭에 조선 사회를 뒤흔들었던 중대 사건들의 내용과 처리 과정을 상세하게 이해할 수 있는 것이 이 책이 가진 장점이다. 갑신정변 관련자들의 심문은 324, 326, 327, 328책에 수록되어 있고, 이점돌의 심문은 324책에 수록되어 있다.

책의 성격상 《추안급국안》은 당대 권력자들의 시각을 대변한다. 그것은 피해자의 입장에서 이 책을 읽는 것이 가능하다는 뜻이다. 그것은 이점돌의 죄가 모반대역부도, 혹은 모반부도에 해당할 만큼 큰 것이 아닐 수도 있다는 뜻이다. 박은숙의 말을 빌리자면 이렇다.*

"갑신정변 관련자 중 대다수는 죽음에 이를 만큼 역적질을 한 것이 없었으며, 심지어 몇몇은 정변에 직접 참여하지도 않았다. 그러나 전제적 왕권이 작동하고 있었고, 양반과 상놈의 경계가 엄격했던 그 시절, 감히 '개화영리의 말을 기쁘게 받아들이고' '상놈도 좋은 관직을 할 수 있다'는 생각으로 세상의 변화와 출세를 꿈꾼 것은 '죽을죄'에 해당하는 것이었다."

김옥균은 《자치통감資治通鑑》을 눈으로, 혹은 마음으로 읽다 홍종우洪鐘宇의 총에 죽었지만, 이점돌은 《추안급국안》을 몸으로 체험하고 죽었다. 그 점이 참 마음 아프다.

---

* 《추안급국안 중 갑신정변 관련자 심문, 진술 기록》(아세아문화사) 중 '번역자의 글'에서 인용했다.

살 만 한 집

객이 노인에게 물은 것은 임원林園*에서 살 만한 집을 구하는 구체적이고 실용적인 방법이었다. 객의 선택은 그다지 그릇된 것은 아니었다. 노인이 평생 고민해온 것이 바로 임원에서 우아하게 사는 방법이었으며, 그 고민의 결실이 나라는 결과물로 완성되어 있던 터였으므로. 노인은 별다른 고민도 없이 곧바로 이야기를 시작했다.

---

* 임원은 향촌을 말한다. 염정섭 등이 지은《풍석 서유구와 임원경제지》(소와당), 안대회가 옮긴 《산수간에 집을 짓고》(돌베개), 조창록의 박사 논문 〈풍석 서유구에 대한 한 연구〉 등을 참조했다. '나'는《임원경제지》다.

"옛날에 몇 사람이 상제에게 하소연하여 편안히 살기를 꾀하려고 했소. 첫 번째 사람이 정승판서의 자리를 원한다고 하자 상제는 고개를 끄덕였소. 두 번째 사람이 부자가 되기를 원한다고 하자 상제는 이번에도 고개를 끄덕였소. 세 번째 사람이 문장으로 일세를 풍미하고 싶다고 하자 상제는 한참을 고민하다 고개를 끄덕였소. 네 번째 사람의 요구는 조금 특이했소. '임원에서 교양을 갖추며 편안히 한평생을 마치고 싶습니다.' 상제는 이맛살을 찌푸리며 대답했소. '이 혼탁한 세상에 그런 청복을 누리는 것은 가당치 않다. 차라리 다른 소원을 말하면 들어주겠다.' 세상에 떠도는 이 이야기가 제법 날카롭지 않소?"

객은 마지못해 웃음을 지었다. 그러나 객이 온 이유는 구체와 실용을 얻기 위함이었지 염세철학을 듣기 위해서가 아니었다. 그 사실을 누구보다도 잘 알고 있을 노인이었건만 그의 입에서 튀어나온 말은 이번에도 세태에 대한 날카로운 비판이었다.

"예전 사대부들은 조정에서 벼슬할 때도 따로 고향집을 두었소. 관직이 있으면 나아가고, 없으면 귀향해 머물렀소. 그래야 벼슬길에 나아가고 물러설 때 여유를 가질 수 있으니 말이오. 요즈음 벼슬하는 사람들은 그렇지 않다고 들었소. 그들은 성문 밖에서 십 리만 떨어져도 황폐하고, 비루하고 더러운 땅으로 여긴다오. 그러니 임원에 집을 두는 것은 생각도 못할 일이 되는 것이오. 그러다 벼슬길이 끊어지면 어떻게 되는지 아오?"

노인의 시선에 객은 허리를 곧추세우고 흐흠, 하는 애매한 탄성을 내뱉으며 수염을 쓰다듬었다. 노인은 객의 반응에는 아랑곳하지 않고 스스로 답을 해버렸다.

"사내는 쟁기를 잡을 줄 모르고 계집은 베틀을 알지 못하오. 결국 추위와 굶주림이 몸에 와 닿을 무렵에는 대대로 소유했던 땅을 모두 팔고 구들 무너진 한 뼘 집에서 비참하게 살게 되는 것이오."

객의 엉덩이가 조금씩 들썩거렸다. 머물까, 일어설까 갈등하고 있는 것이 내게도 느껴졌다. 심기의 문제에 관한 한 노인도 둔한 편은 아니었다. 노인은 객의 차림새를 훑어본 후 대뜸 이렇게 말했다.

"객은 임원의 즐거움을 온전히 누릴 사람처럼 보이는구려."

그런 언사가 튀어나온 맥락은 몰랐지만 나쁜 말은 아닌 것처럼 들렸던 모양이다. 객이 객쩍은 웃음을 지으며 뭐라 대꾸할지 고민하는 동안 노인의 말이 이어졌다.

"내 일찍이 사람들이 임원 생활을 원하면서도 제대로 누리지 못한 연유에 대해 생각해본 적이 있소. 결론은 이러하오. 벼슬하는 사람은 얽매여서 자유롭지 못하고, 과거 준비하는 사람은 뜻을 접고 실행하기가 어렵고, 불우한 선비는 재물이 없어 곤란한 것이었소. 그렇게 생각하다보니 남는 것은 결국 공경자제들뿐이었소. 모두들 우러러보는 높은 관직과 영화로운 복록도 물릴 만큼 가졌고, 남들은 모르는 신기하고 황홀한 일들도 겪을 만큼 겪어봤소. 그러니 그들이 원하는 것이 무엇이겠소? 혼잡하고 시끄러운 것을 벗어나 자유로움과 한가로움을 즐기는 것이라오. 그러니 세상에서 임원의 즐거움을 누릴 이들은 오직 그들뿐이외다."

객의 입가에는 여전히 웃음이 머물러 있었지만 적절한 대꾸는 좀처럼 튀어나오지 않았다. 노인의 말은 그렇듯 교묘한 구석이 있었다. 공경자제를 비난하는 것인지 부러워하는 것인지 좀체 구분이 가지를 않았다. 비난으로 여겨 자리를 박차고 일어나면 노인은 의아한 표정을 지을 것이고, 부러움으로 여겨 엉덩이를 붙이고 앉아 있으면 노인은 슬며시 비웃음을 머금을 것이었다. 객의 고민을 해결해준 것은 노인이었다. 노인은 슬그머니 나를 펼치더니 느릿한 목소리로 읽어나가기 시작했다.

주거지 선택에는 기술이 있다. 주변의 산은 높더라도 험준하게 솟은 정도가 아니어야 좋고, 낮더라도 무덤처럼 가라앉은 정도가 아니어야 좋다. 주택은 화려하더라도 지나치게 사치한 정도가 아니어야 좋고, 검소하더라도 누추한 정도는 아니어야 좋다. 동산은 완만하게 이어지면서도 한곳으로 집중되어야 좋고, 들판은 널찍하면서도 빛이 잘 들어야 좋다. 나무는 오래되어야 좋고, 샘물은 물이 잘 빠져나가야 좋다.

객의 작은 눈이 모처럼 반짝거렸다. 노인은 잠시 뜸을 들였다가 객의 마음을 뒤흔들어놓을 만한 말을 내놓았다. "가장 중요한 구절은 아직 읽지도 않았소."

객은 놀랄 만한 집중력을 보이며 노인의 말이 이어지기만을 기다렸다. 그러나 노인은 이번에도 객의 기대를 무참히 허물어뜨렸다. 노인은 나를 어루만지며 한탄했다.

"수십 년 동안 공력을 들여서 근래에야 겨우 마무리한 책이라오. 다만 한스러운 것은 자식과 아내가 없는 탓에 이 책을 맡아 지키고 관리하는 것을 부탁할 이가 없다는 것이오. 그러니 이 책을 보면 그저 하염없는 눈물만 흐를 수밖에."

이어지는 노인의 눈물과 한숨. 뭐라 답할 수 없는 객은 고개만 숙일

뿐이다. 노인은 기회를 놓치지 않고 예전 이야기를 끄집어냈다.

"마흔이 넘어서 갑자기 관직에서 물러나게 되었소. 그 전부터 임원 생활을 꿈꾸기는 했지만 그건 그야말로 머릿속 망상에 지나지 않았소."

노인의 정직한 고백에 내 가슴이 울컥했다. 공경자제를 언급한 바 있지만 따지고 보면 노인 또한 그 공경자제에 하나 빠질 것이 없는 사람이었다. 그러나 몰락은 한순간이었다. 풍요가 썰물처럼 빠져나간 자리를 비참과 곤궁이 재빨리 차지하고 앉았다. 그럼에도 그는 세상을 비난하기보다는 자신에게 냉엄한 비판을 가했다.

나는 세상에 태어나서 지금까지 44년을 살았다. 춥고 더운 1만 7천 3백여 일 동안 겨울에는 솜옷, 여름에는 갈옷을 빠뜨리지 않았고, 때로 겹갑옷과 비단옷을 입기도 했다. 아침, 저녁밥을 빠뜨리지 않았고, 때로 산해진미를 밥상에 늘어놓기도 했다. 그것들을 차곡차곡 쌓으면 어찌 천만을 헤아릴 뿐이겠는가? 그런데도 나는 쟁기 한 번 잡아본 적 없고, 처자식은 베틀에 앉아본 적이 없다. 이 물건들은 다 어디서 나온 것이겠는가?…… 옛날 범문정공范文正公은 매일 잠자리에 들기 전에 그날 자신이 먹고 허비한 것과 자신이 한 일을 헤아려, 진실로 배부르게 잠들기에 합당한 것인지를 생각했다.

노인은 자신에 대한 날선 비판으로 만족하지 않았다. 그는 직접 농사 짓는 일에 뛰어들었다. 반평생 책장만 넘겼던 노인에게는 차라리 죽고 싶은 나날들이었다. 노인을 위로한 것은 그의 아들 우보宇輔였다. 노인이 밭을 갈고 나무하고 물고기를 잡을 때, 우보도 따라서 밭을 갈고 나무하고 물고기를 잡았다. 햇볕은 따갑고 바람은 몰아쳤지만 우보는 힘들어하는 티도 내지 않았다. 노인은 그러한 아들을 보며 자신의 마음을 다잡아갔다. 그러나 사정은 좀처럼 좋아지지 않았다. 그즈음 친족에게 보낸 편지 한 통에 노인의 어려움이 잘 나타나 있다.

옛날 기사년, 우리 형제가 금화산장에서 어머니를 모시고 있을 때, 어머니는 우리들에게 각자의 뜻을 말해보라고 하셨고, 나는 "작은 터를 마련하여 네 명 형제가 처마를 마주하고, 공전을 두어 먹을 것을 마련하기를 상산의 육구연陸九淵처럼 하고, 천을 짜서 입을 것을 마련하기를 포전의 정초鄭樵처럼 하는 것이 저의 뜻입니다"라고 했다. 어머니는 빙그레 웃으시며 "네가 그 뜻을 이룬다면 나는 네 명의 자식에게서 모두 봉양을 받겠구나"라고 하셨다. 그러나 나의 기구함으로 말미암아 그 소원은 끝내 이룰 수가 없었다.

내가 회고에 빠져 있는 동안 노인은 나를 뒤적거려 객에게 그가 원하는 구체적이고 실용적인 방법 몇몇을 들려주었다. 이를테면 다음과 같은 것들이었다. 주택은 동쪽이 낮고 서쪽이 높아야 부귀하게 되고 영웅호걸이 난다, 물 가운데 머리로 상류를 맞이하고 있는 모래톱이 하나 있다면 거부가 될 것이다, 사람의 주거는 흰 모래땅이 적합한데 그러한 곳은 사람을 기쁘게 할 뿐 아니라 물도 잘 빠진다…….

그것들이 정말 노인이 중요하게 생각하던 이야기였는지는 나는 잘 모르겠다. 내 안에 그런 글들이 있는 것은 사실이었으나 그것들은 말하자면 본류라기보다는 지엽말단에 가까웠다. 아니나 다를까, 노인은 몇 몇 구절들을 더 읽어나간 후 이렇게 말하는 것이었다. "살 만한 집은 그 정도면 구할 수 있을 것 같으니 이제 고민할 것은 그 집을 무엇으로 채울까 하는 것이오. 남들에게 보이려면 그럴듯한 서재가 하나 있어야 할 테니…… 자, 여기 있군. '서재를 만들 때에는 기초를 다지는 일부터 시작한다. 기초는 지면으로부터 세 자에서 다섯 자 정도 띄운다.' 아니지, 이게 아니지. 더 중요한 게 있는데 잊을 뻔했구려."

노인이 나를 탁 소리 나게 덮어버리자 객의 몸이 움찔했다. 그러나 그 작은 눈은 더욱더 빛이 나기 시작했으니 그건 바로 더 중요한 사실에 대한 노골적인 기대 때문이었으리라.

"내 조부는 일찍이 이렇게 말씀하셨소. '세상 만물에는 반드시 천하만사가 있고, 천하만사에는 반드시 사리법칙이 있다.' 나는 그 말씀을 궁구하고 또 궁구했소. 그리하여 마침내 깨달음을 얻었다오. '천하의 만물 가운데 우주와 고금을 다 들쑤시고 헤집어 하루라도 없어서는 안되는 것을 찾을 때 가장 요긴한 것이 바로 곡穀이고, 천하의 만사 가운데 우주와 고금을 다 들쑤시고 헤집어 귀천貴賤·지우智愚를 가리지 않고 하루라도 어두워서는 안 되는 일 가운데 가장 중요한 것이 바로 농農이다.' 아버지 또한 조부의 말씀을 내내 명심하셨던 것이 틀림없소. 《해동농서海東農書》를 지어 중국과는 다른 우리 농업기술의 존재를 설명해나가신 것을 보면 말이오."

객의 표정은 꽤 볼만했다. 썩은 사과를 씹고 있는데 뱉지도 못하는 곤혹스러움이 절절히 느껴졌다. 노인은 객의 괴로움을 아는지 모르는지 계속해서 이야기를 이어갔다.

"내가 하고자 하는 이야기는 바로 이것이오. 서재를 채우는 것은 책이 아니라 가학과 가풍이라는 것이오. 댁은 분명 공경자제일 테니 안을 채우는 것은 별로 어렵지 않겠구려."

객은 마뜩잖은 듯 천천히 고개를 끄덕거리고는 나를 빌려갈 수 있는지를 물었다. 노인은 거절했다. 다 된 것처럼 보이지만 실은 아직도 완성되지 않았다는 것이 노인이 든 거절의 이유였다. 객은 그럴 줄 알았다는 듯 입술을 슬쩍 깨물었다. 더는 머물러봤자 노인의 농간에만 휘둘릴 뿐 원하는 것을 결코 얻을 수 없음을 짐작한 객은 공손히 인사한 후 자리에서 일어났다. 방에서 나가려던 객이 뒤를 돌아보며 하는 말. "아직 읽지 않았다는 가장 중요한 구절이 무엇인지, 그것 하나만 알려주실 수 있습니까?"

노인은 어려울 것 없다는 듯 나를 펼쳐 '가장 중요한 구절'을 읽었다. 객의 얼굴이 일그러졌다. 객이 도망치듯 서둘러 방을 빠져나간 뒤 노인은 나를 보며 말했다. "내가 괜한 짓을 한 것이더냐?"

그럴 수도 있고, 아닐 수도 있겠다. 공경자제인 객이 집에 대한 깨달음을 얻었으면 좋은 것이고, 아니면 그저 한나절의 소일거리로 치부하면 그만일 테니. 그 구절은 이러했다.

여기에서 가장 중요한 사실은 마음이 허황되고 말만 번드르르하게 잘하는 자가 주민들 사이에 끼어서 기분을 잡치게 해서는 안 된다는 것이다. 이것이 그 대략이다.

《임원경제지》해설

《임원경제지林園經濟志》는 53책 113권으로 이루어진 거질이다. 열여섯 개의 지志로 구성되어 있는 까닭에 '임원십육지'로 불리기도 한다. 그는 선비가 임원에서 생활하는 데 필요한 거의 모든 것을 이 책 안에 담았다.

"무릇 밭 갈고 베 짜고 작물을 재배하고 나무를 심는 기술과, 음식을 만들고 가축을 기르고 사냥하는 방법은 모두 시골에 사는 사람에게 필수다……. 터를 살펴보아 살 만한 곳을 가려 집을 지으며, 재산을 늘려 생계 문제를 경영하고, 기구를 구비하여 사용에 편리하도록 하는 일도 역시 마땅히 있어야 할 것들이다……. 시골에 살면서 수양하는 선비가 어찌 배 채우는 것에만 신경 쓸 수 있겠는가? 화초 가꾸는 법을 익히고 글과 그림을 바르게 공부하며 보양하는 방법에 이르는 것도 그만둘 수 없는 일들인 것이다."

서유구徐有榘는 수십 년 동안《임원경제지》를 편찬해나갔다. 죽기 직전에 이르러 책을 완성했지만 간행하지는 못했다. 1930년대에 이르러서야 경성제대와 보성전문학교에서 이 책을 필사, 세상에 널리 알리게 되었으니 참으로 기구한 운명을 지닌 책이 아닐 수 없다. 자신이 살아 있을 때 간행하고픈 꿈을 끝내 접어야 했던 그의 심정은 어떠했을까? 그의 죽음을 기록한 문헌을 보면 집착보다는 놓아버림에 가까웠던 것 같다. 거인다운 종말이다.

"풍석태사는 여든둘에 병이 위독해지셨는데 모시던 사람으로 하여금 곁에서 거문고를 타게 하고, 곡이 끝남에 눈을 감으셨다……. 공은 평소 모은 가산을 돌아가실 때 다 나누어주고 슬퍼하거나 동요하는 기색이 없이 거문고를 들으면서 평온하게 운명했으니, 보통 사람이 따라 할 수 있는 일이 아니다."

2

사람이 읽은
책의 내면

땅
딸
기

3월

봄도 어느덧 막바지였다. 선생*은 한 달 만에 처음으로 정자로 나갔다.
병마절도사가 선생을 위해 지어준 휴식처였다. 한동안 말없이 풍경만
바라보던 선생이 입을 열었다.

"동강에는 지금쯤 푸름이 가득하겠구나."

동강은 선생이 유배 전에 머물렀던 망우리의 높은 봉우리를 말하는

---

* 임재완이 편역한《백사 이항복 유묵첩과 북천일록》(리움)에서 지식을 얻었다. 인용된 글들은 임
재완의 편역서와 이종묵이 지은《조선의 문화공간》(휴머니스트)에서 가져왔다.

것이었다. 선생은 동강이 보이는 곳에 집을 짓고 동강정사라 이름을 붙였다. 허름한 집이나마 완성을 했으니 시 한 수가 빠질 수 없다.

일찍 나그네 되어 속세에 떨어졌으니
인간세상 온갖 인연 다 겪어보았다.
허연 머리에 강가에 와서 누우니
하늘의 바람과 달이 끝없이 넓다.

하늘의 바람과 달은 끝없이 넓었으나 지상에서 살아야만 하는 선생의 삶은 곤함과 궁함, 그 자체였다. 영의정까지 지냈건만 집안에 굴러다니는 것은 말린 밤과 뻣뻣한 차뿐이었다. 가난에 익숙한 선생이야 그것만으로도 큰 불편이 없었지만 문제는 코앞에 닥친 아들의 혼례였다. 보다 못한 남자는 쌀 여덟 말을 지고 가서는 선생 댁 마루 위에 올려놓았다. 선생은 가타부타 말도 하지 않고 그저 눈을 감았다. 어쨌든 혼례는 별 탈 없이 치러졌다. 폐백으로 면포 두 상자만을 받은 사돈댁에서 돌아서자마자 구시렁댄 것만 제외한다면.

혼례는 무사히 치렀으나 선생의 곤함은 이제 시작이었다. 갑작스럽게 찾아온 중풍으로 선생은 한쪽 몸을 자유롭게 움직일 수 없게 되었고 말 또한 전보다 어눌해졌다. 제 몸도 간수하기 힘든 상황이니 세상에 등 돌리고 유유자적 살았으면 좋았으련만 말 많고 탈 많은 세상은 선생을 그냥 내버려두지 않았다. 이이첨李爾瞻과 정인홍鄭仁弘이 인목대비仁穆大妃를 폐위해야 한다고 소리 높여 외치자 선생은 더는 참지 못하고 붓을 들고 만다.

신은 중풍에 심하게 걸렸습니다. 몸이야 죽지는 않았더라도 정력은 이미 탈진되었습니다. 하늘을 쳐다보며 구름을 바라보면서 죽음이 갈라놓으면 떠나겠다고 마음먹었습니다. 그러나 반년이나 되었건만 여전히 살아 침상에 있습니다. 그렇다고는 해도 공무를 볼 수는 없습니다. 그러나 이 문제는 국가의 대사입니다. 남은 목숨이 끊어지기 전까지야 어찌 감히 병을 핑계로 묵묵히 있을 수 있겠습니까?

선생은 순임금과 공자의 손자 자사子思의 예를 들어가며 인목대비 폐위에 반대했다. 실세들의 주장에 대놓고 반발했으니 처벌이 뒤따를 것은 불문가지였다. 실세들은 위리안치圍籬安置의 명을 내리라고 간청했고, 임금은 삭탈관직削奪官職으로 조용히 일을 처리하려 했다. 협박 같은 간청이 이어지자 임금은 조금씩 꼬리를 내렸다. 삭탈관직이 방귀전리放歸田里(관직을 뺏고 고향으로 보내는 형벌)가 되었고, 방귀전리가 다시 중도부처中道付處(일정한 장소를 지정하여 머무르게 하는 형벌)가 되더니, 결국은 원찬遠竄(먼 곳으로 보내는 형벌)으로 결정이 되었다. 수많은 말들의 다리를 거쳐 마침내 결정된 유배지가 바로 북청이었다.

몸도 온전하지 못한데 머나먼 북청까지 오게 되었으니 탈이 나지 않을 수가 없었다. 다시 중풍이 찾아오기 며칠 전 선생은 유독 목마름을 호소했다. 거기에 더해 찬 음식까지 원하니 남자로서는 만류하지 않을 수가 없었다. 그랬더니 선생은 남자를 보며 예의 그 호탕한 웃음을 지은 후 이렇게 일갈하는 것이었다. "한평생 약을 먹고 음식을 조절한 것은 병이 없이 늙기를 원해서다. 지금 나는 관리로서 성공했고 명성도 얻었으며 나이 또한 일흔이 다 되어간다. 더 무엇을 바라겠나? 이런 마당에 먹고 싶은 것도 마음대로 먹을 수 없다는 말인가?"

남자가 물러서자 선생은 차가운 물을 마시고, 찬 음식을 먹고, 술 한잔을 마신 후 기분 좋은 트림을 분출했다. 그리고 그날 밤 중풍을 얻었다.

봄이 한창일 적에 누워 막바지가 되어서야 일어난 선생은 남자를 보며 말했다. "동강에는 지금쯤 푸름이 가득하겠구나."

남자는 말없이 고개만 숙여보였다.

4월

순진이 돌아갔다. 선생은 아쉬움 가득한 눈으로 병마절도사를 바라보며 농을 했다. "지극히 아름다운 음악은 사흘 동안 끊어지지 않고 이어진다 하였는데 과연 헛된 말이 아닙니다. 내가 이곳 북청에 온 이래로 세 가지 기분 좋은 일이 있습니다. 첫째는 철관현에서 바다를 본 것, 둘째는 경선이가 말 타고 달리는 것을 본 것, 마지막은 순진이가 노래 부르는 것을 들은 것입니다."

선생과 병마절도사가 함께 웃었다. 남자는 다만 부드러운 눈으로 하늘을 한 번 바라보았을 뿐이다. 철관현이란 유배 오는 도중 잠시 멈춰섰던 언덕을 말함이었다. 동해 바다가 한눈에 들어오는 그 언덕에서 선생은 혼잣말을 했다. "유배가 없었다면 어찌 이런 광경을 볼 수 있었겠는가?"

경선은 북청의 관기官妓였다. 호기심 많은 선생이 먼저 이렇게 물었다. "말 타고 달리기를 좋아하는 것이 북쪽 풍속이라 들었다. 여자도 말을 잘 탄다고 하던데 과연 너도 그러하냐?"

경선은 머뭇거리지도 않고 곧바로 대답했다. "제가 잘하는 일입니다. 공을 한번 즐겁게 해드리겠습니다."

경선은 전립을 쓰고 짧은 채찍을 들더니 곧바로 안장에 올랐다. 몸 쓰는 일에 능숙한 남자가 보기에도 경선의 솜씨는 꽤 훌륭했다. 물 찬 제비라는 표현은 경선 같은 이를 두고 하는 말이었다. 흥에 취한 선생이 외쳤다. "보기만 해도 기운이 절로 솟는구나. 당나라 기생 공손태랑의 솜씨가 어찌 너보다 뛰어나겠는가?"

순진은 단천의 관기였다. 술이 몇 차례 돈 후 자리에서 일어나더니 이렇게 말했다. "노래를 잘하는 것은 아니지만 공의 얼굴을 풀어드리고 싶은 마음에 이리 나서게 되었습니다."

순진이 부른 것은 굴원屈原의 〈이소〉와 두보杜甫의 〈북정北征〉이었다. 노래 솜씨는 뛰어났으나 유배 온 선생이 편히 들을 수는 없는 노래들이었다. 남자가 눈짓을 하자 순진은 재빨리 노래를 바꾸었다. 이백李白의 〈장진주將進酒〉가 흘러나오자 비로소 선생의 얼굴이 밝아졌다. 소동파蘇東坡의 〈적벽부赤壁賦〉가 이어지더니 퇴계退溪 선생의 〈도산별곡陶山別曲〉으로 마무리되었다. 선생의 평이 이어졌다. "소리로써 사람의 희로애락을 움직이게 하다니 순진이는 참으로 대단한 재주꾼이로구나." 하지만 선생은 그 정도 평으로서는 순진의 노래에 대한 온전한 화답이 못된다고 생각했던 모양이다. 선생 특유의 농 한마디를 더 붙여 모인 이들을 포복절도하게 했으니. "순진이는 인간 세상의 여자가 아니라 하늘의 선녀와 같은 부류다."

순진이 돌아간 후 봄비가 조금씩 내렸다. 병마절도사와 선생은 그 비를 보며 이야기를 나누었다. 이야기는 돌고 돌아 갑산의 명물인 땅딸기까지 이어졌다. 선생은 입맛을 다시며 이렇게 말했다. "땅딸기는 북쪽

지방의 신선이 먹는 음식이로군요. 여태껏 본 적이 없으니 참으로 한심한 인생을 살았습니다. 해배되면 갑산으로 가서 한번 맛을 봐야 하겠습니다."

그날 밤 남자는 선생 앞에서 시 한 수를 읊었다. 선생이 철령을 지나면서 읊었던 것이었다.

철령 높은 재에 자고 가는 저 구름아

고신원루孤臣寃淚를 비 삼아 띠어다가

님 계신 구중궁궐九重宮闕에 뿌려본들 어떠하리.

남자는 궁궐 사람들도 이 시를 외운다는 이야기를 전했다. 어찌나 여러 사람들이 외우고 다니는지 임금의 귀에 들어갔다는 말까지 덧붙였다. "시를 들은 임금은 눈물까지 흘렸더랍니다."

남자의 이야기가 모두 끝나자 선생은 고개를 끄덕였다. 그러고는 이렇게 말했다. "그런데 순진이가 참으로 노래 하나는 잘하더구나. 그렇지 않느냐?"

5월

공무로 갑산에 간 병마절도사가 파발 편에 땅딸기 한 상자를 보냈다. 남자가 말없이 고개를 떨어뜨렸다. 선생과 병마절도사가 함께했던 마지막 술자리가 막을 새도 없이 머릿속에 떠올랐다.

남자는 시종 걱정된 눈으로 선생을 보고 있는 참이었다. 선생의 얼굴은 잔뜩 붉어져 있었다. 고작 술 한잔을 마셨을 뿐이었는데도, 선생 또한 몸이 좋지 않은 것을 느낀 것 같았다. 술잔을 연거푸 거절하는 것을 보면. 선생 스스로가 자제하는 것을 보고서야 조금 안심이 된 남자는 아침에 선생이 했던 말을 떠올리며 다시 한 번 깊은 염려에 빠져들었다. 선생은 느닷없이 간밤에 꾸었다는 꿈 이야기를 꺼냈다. "선조 임금님이 용상에 앉아 있고 유성룡과 김명원金命元과 이덕형李德馨이 그 앞에 서 있었다. 선조 임금님은 몹시 화가 난 상태였고. 동기를 해치고 어머니를 죽이려 드는 금상 때문이었지. 잠자코 듣고 있던 이덕형이 한마디를 했다. 뭐라고 했는지 짐작하겠느냐?"

남자가 고개를 젓자 선생은 한숨을 쉬며 말을 이었다. "이항복李恒福이 아니면 이 의논을 결정짓지 못하겠으니 속히 부르소서, 이렇게 말하더군. 죽은 이덕형이 날 부르니 그것이 무엇을 뜻하는 것이겠느냐? 나도 죽는다는 뜻 아니겠느냐?"

깜짝 놀란 남자가 고개를 들자 선생은 말없이 웃음을 지었다. 그러고는 손을 내저어 남자를 내보냈다. 상념에 잠긴 남자를 현실로 데려온 것은 병마절도사의 외침이었다. "공께서 쓰러지셨다."

선생은 고개를 들지 못했다. 남자가 다가가자 선생은 방금 마신 술을 내뱉더니 그대로 쓰러져버렸다. 남자는 선생을 등에 업고 방으로 돌아와 자리에 눕혔다. 가느다랗게 들리는 코 고는 소리만이 선생이 살아 있다는 유일한 증거였다. 의원이 들어와 선생을 진찰했다. 의원의 어두운 얼굴을 보고 남자는 앞으로 닥칠 일을 직감했다. 선생은 더 살지 못할 것이었다. 선생이 꾸었다는 꿈은 결국 예지몽이었던 셈이다.

선생 곁을 지키면서 남자는 선생과 함께했던 지난날들을 생각했다. 광주의 일개 병졸이었던 남자를 발탁한 것은 바로 선생이었다. 선생이 왜 남자를 자신의 곁에 두었는지는 도무지 알 수가 없었다. 물론 우직한 남자는 그런 고민 따위로 세월을 허비하지 않았다. 그저 선생을 배우고 따르는 것으로 선생의 은혜에 보답했을 뿐이다. 이제 남자는 미루어 두었던 그 질문을 다시 한 번 떠올려본다. 그러나 세월이 지나도 여전히 풀리지 않는 문제는 있기 마련이다. 남자는 입술을 감쳐물은 후 선생의 손을 살짝 잡았다. 그 손의 온기만이 남자에게는 희망이었다. 그러나 희망은 사라지게 마련이었다. 이틀 후 선생은 세상을 떠났다.

선생의 아들이 도착하지 않은 까닭에 남자의 할 일은 무척이나 많았다. 이리저리 몸을 바쁘게 움직여 슬픔을 감추려 애쓰는 남자에게 도착한 땅딸기 상자 하나. 남자는 병마절도사가 보낸 편지부터 펼쳤다.

"공이 살아계실 때 맛보고 싶어 하셨던 바로 그 땅딸기입니다. 오는 길에 길가에서 발갛게 익은 것을 보고는 옛일을 떠올렸습니다. 처절한 마음을 견디지 못하면서 이것들을 따 보내니 위패 곁에 두시기 바랍니다."

남자는 말없이 하늘만 바라보았다. 그러고는 땅딸기 한 알을 입안에 넣었다. 그 순간은 땅딸기 한 알이 세상의 전부였다.

《백사선생북천일록》해설

광해군 9년(1617) 11월 24일 백사 이항복은 인목대비 폐위에 대한 자신의 의견을 올린다. 그 결과 북청으로 유배를 떠나게 되었음은 앞에서 밝힌 바와 같다.《백사선생북천일록白沙先生北遷日錄》은 유배 기간 내내 이항복을 수행했던 정충신鄭忠信이 남긴 기록이다. 정충신은 훗날 이괄의 난을 토벌해 금남군錦南君에 봉해졌으며(광주의 금남로는 바로 이 금남군에서 따온 것이다), 죽은 뒤에는 충무공忠武公이라는 시호를 받았다. 키는 작지만 두 눈동자는 번뜩이고 광채가 났다는 정충신은 이항복에게 자신의 충성을 다 바쳤다. 이항복의 증손자 이세구李世龜는 두 사람의 인연을 다음과 같이 적고 있다.

"정충신 공은 본래 광주 정병正兵에 소속되어 있었으며 임진왜란 때는 나이 열일곱이었다. 도원수인 권율權慄이 선조 임금이 계신 의주의 임시 조정에 소식을 전달할 사람을 구했다. 공은 자원해서 장계를 가져가겠다고 요청하여 왜적의 진을 뚫고 의주로 갔다. 당시 증조부이신 문충공(이항복)께서는 군사 일을 맡고 계셨는데 정 공을 한번 보고서는 뛰어난 인재임을 알았다. 옆에 두고서 직접 보살펴주었다. 글도 가르쳐주니 선진시대의 고문도 읽게 되었다."

정충신으로서는 평생 이항복을 스승으로 모실 이유를 충분히 갖고 있었던 셈이다. 그러나 세상이 과연 그렇게 단순한 것인가 하는 의문이 한편에서 머리를 드는 것을 본다. 의리보다는 반역과 실리가 판을 치는 조선시대라고 해서 다를 것이 없다. 임진왜란 당시 자신의 분조에서 활동했던 이항복을 유배 보낸 것도 결국 광해군이었으니 말이다. 그렇기에 정충신의 돌쇠 같은 의리는 더욱 빛을 발한다. 그 의리를 남구만은 이렇게 표현한다.

"인간의 사악함과 정의, 세상인심의 부침, 무정한 세상인심, 사라지지 않는 공명정대한 논의, 죽어서는 영광, 살아서는 수치, 사람을 알아보는 지혜, 친구들이 인정해준 사실에 대한 보답 등이 모두 다 이 책에 구비되어 있다. 후대에 태어난 군자는 이 책을 보면서 자기 자신이 어떻게 대처해야 할지를 능히 알 수 있을 것이다."

김시습의 경우

떠나다

남자는 새로 지은 금오산실에서 생을 마칠 계획이었다. 그러나 뜻대로 이루어지는 일은 얼마 되지 않는 법이다. 3월 그믐에 효령대군孝寧大君이 말을 보내 일렀다.

"성상께서는 옛 흥복사를 새로 중수하여 원각사라 명명하고 낙성회를 열기로 했소. 성상께 선사를 추천하였더니 꼭 참석하라는 명령을 내렸소. 그러니 산중이나 계곡에서 먹고 마시려는 마음을 고쳐먹고 꼭 참석하시길 바라오."

인연 치곤 묘한 인연이었다. 남자는 어젯밤 꿈에서 현릉顯陵(문종文宗의 무덤)의 송백松柏을 보았다. 그런데 일어나자마자 효령대군의 전갈을 받은 것이다. 효령대군을 처음 만난 것은 2년 전이었다. 서울에 책을 사러 갔다 얼떨결에 효령대군을 만나 법화경 언해 사업에 끼어들었다. 내 불당에 안치된 순금불을 본 것도 그때였다. 부아가 치밀어 그 자리에서 시 한 편을 지었다.*

> 더위를 무릅쓰고 일만 근의 모래 일어
> 몇 알을 얻게 되어도 귀하게 여기네.
> 두려움과 경악을 몇 번이나 겪었는가?
> 백번이나 단련하느라 만금이 허비되지.
> 임금에게 입공하는 진귀한 물건이기는 하나
> 몇 년이나 백성의 피땀을 착취했던가?

원각사의 조성 경위에 대해서는 남자 또한 들은 적이 있었다. 한 해 전 효령대군이 양주 회암사에서 원각법회를 열었는데 석가여래가 나타나 수백 개의 사리로 분신分身하는 기적이 일어났다. 그 이야기를 들은 임금이 옛 흥복사 터에 새로 절을 짓고 원각경을 안치한 후 원각사라 이름 붙인 것이다. 남자는 잠시 고민하다 혼자서 이렇게 중얼거렸다. "좋은 모임은 늘 있는 것이 아니며, 번창하는 세대는 만나기 어려운 것이다. 달려가 치하하고 곧 돌아와 여생을 마치리라."

---

* 김시습에 대한 지식은 심경호가 지은 《김시습 평전》(돌베개)을 통해 얻었다. 시문은 《국역 매월당 전집》(강원도)에서 인용하되, 문맥에 따라 부분적으로 수정했다.

머물다

원각사는 장엄했고, 낙성회는 성대했다. 효령대군은 이렇게 좋은 날 시한 수 없을 수 있겠느냐고 남자를 종용했다. 딴은 맞는 말이기에 시 한수를 지어 바쳤다.

절터가 처음엔 시가에 버려졌는데
임금의 큰 계획으로 몇만 년 가게 되었네.
⋯⋯
피어오르는 향연은 임금의 수레 따라가고
연속되는 서기瑞氣는 부처를 감싸네.

고위관료들이 차례로 나서 임금을 치하했다. 효령대군이 감격의 눈물을 쏟았다. 그럴 만도 했다. 조카의 왕위를 빼앗아 임금의 자리에 오른 금상의 편을 드느라 효령대군의 속도 시꺼멓게 썩었을 것이니. 왕권은 안정되었고 세상은 평화로웠다. 부처마저도 임금의 편이었다. 남자는 속으로 고개를 끄덕였다. 어찌되었건 태평한 분위기가 넘쳐나는 것은 사실이었다. 남자는 다시 붓을 들었다. 물꼬는 텄으니 한 편 더 짓는 것도 그다지 어려운 일은 아니었다.

모든 정치 다스리고 불교도 숭상하니
모든 관리들 비로소 태평성대를 축하하네.
부처가 관찰함은 눈 깜짝하는 듯
우리 임금의 수명은 억만년을 누리리.

치하를 받았으니 임금이 베풀 차례였다. 임금은 사면령을 내렸다. 남자에게도 선물이 있었다. 도첩度牒이 바로 그것이었다. 중의 신분증을 받았으니 남자의 삶은 지금보다는 훨씬 더 자유로워질 것이었다. 남자는 즉각 시를 지어 임금의 은혜에 화답했다.

임금의 은혜는 말로 표현하기 어려워라.
경사스러운 모임에 화축華祝함을 만나서
우리 임금 복록을 천만년 누리소서.

효령대군은 남자를 불러놓고 나 몰라라 하지 않았다. 원각사 찬시를 지으라 해서 지었더니 그것을 임금에게 보인 것이었다. 즉각 임금의 하교가 내려왔다.

"이 찬시는 매우 훌륭합니다. 환궁하여 그를 볼 것이니 그때까지 이 절에 머물러 있게 하십시오."

남자는 당황했다. 임금을 따로 만날 생각은 처음부터 갖고 있지 않았다. 그러나 한편으로는 다른 생각도 들었다. '정말로 임금을 볼 생각이 없었나?'

효령대군은 왕실의 존경을 한 몸에 받는 이였다. 그의 행실에 대해 논할 마음은 없었다. 왕실의 권위라는 측면만을 생각한다면 어린 노산군보다는 수양이 더 나을 수도 있었다. 겉으로만 청렴하고 실제로는 탐욕스럽다는 세간의 평에도 가타부타 말하기 싫었다. 그건 효령대군의 문제였지 남자의 문제가 아니었다. 중요한 것은 효령대군이 임금과 무척이나 가깝다는 사실이었다. 남자가 효령대군의 제의를 수락한 것은 어쩌면 그 가까움 때문이었을지도 모른다. 남자의 마음이 흔들렸다. 곧은 까닭에 부러지기도 쉬운 것이 바로 남자의 마음이었다. 남자는 효령대군에게 편지를 써 서울을 떠나겠다는 심사를 밝혔다.

구중궁궐 임금 은혜를 처음으로 입게 되니 가시나무가 어떻게 상서 구름을 감당하겠습니까? 임금의 은혜는 지극히 흡족하나 고질이 된 신의 병은 고치기가 어렵습니다. 새벽녘 나그네의 꽃다운 꿈은 돌아 가고픈 마음으로 어지러울 뿐입니다.

서울을 떠나기 전 남자는 책 몇 권을 샀다.《맹자》·《성리대전性理大全》·《자치통감》과 같은 책들이었다.《맹자》를 산 까닭은 이러했다. '천하가 어지러워 전쟁을 일삼을 때 맹자는 도를 행해 위태로움을 구하려고 했다.'《성리대전》을 산 까닭은 이러했다. '이것을 자세히 연마하면 그 외의 괴이하고 허탄한 것들은 묘하게 충허沖虛한 곳에 접하기는 하나 들은 것은 못 된다.'《자치통감》을 산 까닭은 이러했다. '여러 역사 분분하게 세운 뜻 어긋나서 송조 때의 사마광司馬光 선생 들쑥날쑥한 것 변별해냈다.'
방금 도첩을 받은 자가 구입한 책이란 점에서 다소 고개를 갸웃거리게 만들기는 하지만 남자는 사실 원래 그런 사람이었다. 유자도 불자도 아니고, 생활인도 방랑인도 아니었다. 남자가 서울에 온 것 또한 그랬다. 효령대군이 불렀다고는 하지만 남자는 누구의 부름을 받고 움직일 사람이 아니었다. 그렇다고는 해도 만약 효령대군이 부르지 않았다면 어떻게 되었을 것인가? 그래도 남자는 금오산실에 머물렀을 것인가,

아니면 부름이 없으니 더더욱 가벼운 마음으로 금오산실을 떠났을 것인가? 모르는 일이기도 하고 무의미한 일이기도 했다. 효령대군은 남자를 불렀고, 남자는 그 부름에 응했으므로.

책 몇 권을 안고 서울을 떠나려는 남자를 임금이 만류했다. 속히 귀환하라는 명령이 그것이다. 그러나 이미 떠나려는 마음을 먹은 뒤였다. 남자는 편지와 시로 임금의 명령에 불응할 수밖에 없는 안타까운 마음을 드러냈다.

소신은 이미 금오산에 은퇴하여 조용하게 지내는 것을 마음 편히 여기고 있었는데, 홀연히 효령대군의 편지를 받고 겸하여 성상의 유지까지 받게 되었습니다. 그래서 감히 질병만을 이유로 거절할 수가 없어서 즉시 달려와 성대한 모임을 치하하였던 것입니다. 그러나 이제는 낙성회도 끝이 났으므로 미련 없이 떠나려고 하는데 다시 소명을 받게 되어 황공하기 이를 데 없습니다……. 그러나 예에 따라 받는 은혜는 이미 나의 분수에 지나친 것이며, 질병이 든 몸으로 어찌 억지로 행동할 수가 있겠습니까? 그래서 감히 하명을 받들지 못하고 부축을 받으며 길을 떠나 지금은 절반쯤 왔습니다. 엎드려 바라건대, 영원히 떠난 엄광嚴光(광무제光武帝의 친구로 벼슬을 사양하고 은퇴했음)의 굽힐 줄 모르는 절개를 인정하시고, 회련懷璉(송나라의 승려로 황제 곁을 떠나 산으로 돌아감)처럼 한가하게 지내라는 조칙을 받게 해주시며, 자비로운 은혜를 베푸시어 산야에 버려져 있게 해주십시오.

복잡한 문제가 다 정리되었으니 이제 남은 것은 돌아가는 일뿐이었다. 그러나 남자는 뜻밖에도 다시 서울로 발걸음을 돌렸다. 남자는 임금의 총애를 받는 관각문인 서거정徐居正을 찾아가 이렇게 청했다. "계림 남산에 땅을 가려 서너 칸 되는 집을 짓고 도서를 좌우에 벌여두고 그 사이에서 소요하고 음영하고 있습니다. 나는 그곳에서 늙을 예정이고 세상을 하직할 생각입니다. 부디 선생께서 한마디 기념될 말을 내려주셔서 내 집을 빛내주시기 바랍니다."

서거정은 남자가 어린 시절 학문을 배웠던 이계전李季甸의 고종사촌이었다. 그러므로 남자가 서거정을 찾은 것은 그리 이상한 일은 아니었다. 서거정은 즉각 남자의 집을 찬미하는 시를 송별시와 함께 지어주었다.

> 하늘이 나지막한 금오산은 바다로 이어지고
> 해가 뜨는 계림은 봉래산에 가깝다네.
> 반월성에는 누런 잎 지고
> 첨성대 아래는 흰 구름 모이리라.
> 상인께서 건곤을 꿰뚫어보는 독안으로
> 동해를 작은 술잔처럼 보시네.

찬미시와 송별시까지 받았으니 이제는 떠나야 마땅했다. 하지만 남자는 5월에도 서거정을 찾아가고, 6월에도 서거정을 찾아갔다. 그뿐아니라 명사들의 연회에 참석해 풍류의 나날들을 보내는 것도 마다하지 않았다. 이 시기 남자가 효령대군을 다시 만났는지 여부는 확실치가 않다.

돌아오다

남자가 다시 금오산실로 돌아온 것은 그해 가을이었다. 금오산을 지척에 두고 남자는 그동안의 소회를 토로하는 시를 읊었다.

분주했던 십 년 세월 꿈처럼 아득한데
주머니 속 남은 것은 천수 시고뿐이라오.
이제 와서 늙고 병들어 남에게 끌림을 당하니
도리어 공을 일찍 얻지 못함 한하네.
명예와 이익을 마음에다 두지 말고
돌아가서 네 동산의 오디 먹음이 좋으리라.

남자는 돌아오자마자 크게 앓았다. 그 아픔의 시간 동안 그의 응어리를 씻겨준 것은 끝없이 내리는 비와 파초뿐이었다. 열흘 뒤 자리에서 일어난 남자는 밤하늘을 바라보았다. 북두칠성이 비스듬히 걸려 있었다. 남자는 말없이 탄식을 내뱉고는 살며시 눈을 감았다.

《매월당집》 해설

《매월당집梅月堂集》 간행에 대한 논의는 중종 6년(1511) 어전회의에서 처음으로 나온다. 중종은 이때 속히 간행하겠다고 답했지만 실제 문집은 간행되지 않았다. 국가 차원에서 《매월당집》 간행이 본격적으로 이루어진 것은 선조 15년(1582) 일이다. 그 공백 사이에 《매월당집》과 관련해 꼭 집고 넘어가야 할 사람들이 있으니 이자와 윤춘년尹春年이다. 김시습의 스승 이계전과 한집안 사람이었던 이자는 기묘사화의 화를 입

어 지방에 은거하고 있던 시절 김시습의 시문들을 모은 후 《매월당집
서》를 적었다. 윤춘년은 김시습을 공자에 견줄 만한 사람이라 평하며
추앙했다. 윤원형尹元衡과 합세하여 사림들의 지탄을 받은 그의 행적과
는 다소 거리가 있는 부분이 아닐 수 없다. 아무튼 그는 《유관서록遊關西
錄》·《유관동록遊關東錄》등을 간행하고 서문을 남기는 등 김시습의 시문
들을 모으는 일에 열정을 바쳤다. 바로 이 윤춘년이 모은 시문들을 토
대로 《매월당집》이 간행된다. 《매월당집》의 서문을 쓴 것은 이산해李山
海였고, 이이는 김시습의 전기를 지었다. 냉정한 이이답게 김시습에 대
해서도 할 말은 하는 것이 인상적이다.

"거짓으로 미쳐 세상을 피하였으니 속마음은 가상하나, 반드시 명교
를 버리고 방탕해서 스스로 방자하게 군 것은 무엇입니까?"

물론 이이는 김시습의 공을 찬양하는 것도 잊지 않는다.

"절의를 표방하고 윤기倫紀를 붙들었으니 그 뜻을 궁구해보면 가히
일월과 빛을 다툴 것이며, 그 풍성風聲을 들으면 나약한 사람이라도 또
한 입지가 있은 즉, 비록 백대의 스승이라 하여도 지나친 말은 아닐 것
입니다."

그렇기는 해도 후대의 압도적인 찬사와는 다소 거리가 있는 기술이다.

김시습이 어떤 사람이었는지 나는 모르겠다. 어쩌면 진실은 이이의
서로 다른 평가 그사이 어딘가에 있지 않을까?

아이를
키운다는 것

기쁨

노인은 읽던 책을 내려놓고 숙길淑吉을 지켜보았다. 숙길은 걸음마 연
습에 한창이었다. 그 작은 손으로 벽을 짚고 옆걸음질을 하던 숙길이
중심을 잃고 휘청거렸다. 노인은 손을 뻗었다 멈추었다. 다행히 숙길은
넘어지기 전에 다시 벽을 잡았다. 숙길은 스스로가 대견한지 노인을 보
며 웃음을 지었다. 노인도 웃음으로 화답했다. 잠시 멈추었던 숙길은
이번에는 한 손으로 벽을 잡고 걷기 시작했다. 노인은 숨을 멈추고 숙
길의 움직임에 집중했다. 한 걸음 떼기가 어려웠지 그다음은 쉬웠다.
숙길은 단번에 서너 발짝을 걷더니 벽에서 손을 뗐다. 그러고는 천천히

걸음을 걸어 노인에게로 왔다. 초조하게 지켜보던 노인은 두 팔을 활짝 벌려 숙길을 안아주었다.

　노인은 칭얼대며 매달리는 숙길의 등을 두드리며 생각에 잠겼다. 유달리 자식 복이 없던 노인이었다. 첫 번째 아이는 어미 뱃속에서 죽었고, 세 번째 아이는 몇 달을 버티다 천연두로 죽었고, 네 번째 아이는 태어난 지 하루 만에 죽었다. 다섯 번째 아이인 순정은 천연두와 풍을 이겨냈으나 간질에 걸려 고생하다가 스무 해를 채우지 못하고 죽었다. 남은 것은 두 번째 아이인 온溫뿐이었다. 그러나 어린 시절 열병을 앓았던 온은 살아남기는 했으나 반편이가 되었다. 사람 구실을 아예 못할 줄 알았던 온이 장가를 들어 얻은 아이가 바로 숙길이었다. 오래토록 바라고 바라던 일이라 노인의 기쁨은 너무도 컸다. 더구나 노인은 귀양살이 중이었다. 조광조에게 조문하고 장례를 지냈던 것이 결국 발목을 잡고 말았다. 천지가 뒤집히기 전에는 귀양살이에서 벗어나기 어려울 터였다. 그런 시기에 얻은 숙길이었다. 노인의 지나치다 싶은 기쁨을 조금은 이해해주어야만 할 이유다. 숙길이 무사히 태어난 것을 확인한 노인은 혼자서 술잔을 기울여가며 자축의 시*를 지었다.

　　천지자연의 이치는 무궁하게 생성이 계속되어
　　어리석은 자식이 아들을 얻어 가풍을 잇게 했네.
　　지하에 계신 선조의 영령들께서 많이 도와주시리니

---

* 인용된 글은 이상주가 옮긴 《양아록》(태학사)에서 가져왔다. 이문건과 《양아록》에 대한 정보 또한 이 책에서 얻었다.

인간세상의 뒤이어 올 일들이 다소 잘되어 가리라.

노인은 숙길이 자라는 모습을 매일 같이 기록해나갔다. 우울과 좌절로 점철되었던 노인의 일상에 활기가 돌았다. 숙길의 이가 하나둘 모습을 보이는 것, 꼼짝도 못 하다가 기어 다니고, 혼자 일어서려 애를 쓰다가 마침내 걷게 되는 것, 아이라면 누구나 거치게 마련인 그 당위의 현상들이 노인에게는 새로운 경이였다.

숙길이 몸을 비틀어 노인의 품에서 빠져나왔다. 숙길은 노인이 읽던 책을 집어 들더니 몸을 흔들며 웅얼거렸다. 책 읽는 흉내를 내는 것이었다. 노인은 무릎을 쳤다. 숙길은 보통 아이가 아니었다. 문장을 업으로 삼아 큰일을 할 아이였다. 기쁨의 극단으로 치닫던 노인을 자제시킨 것은 숙길이 태어났을 때 조카 이엄李爗이 보냈던 편지의 한 구절이었다. "원컨대 너무 귀하게도 너무 과보호하지도 마시고, 다만 평범하게 기르소서." 아이를 지나치게 사랑하면 조물주가 시샘하니 조심하라는 뜻이었다. 노인은 고개를 끄덕거렸다. 맞는 말이었다. 그러나 숙길이 뛰어나다는 사실은 명약관화라 도무지 바뀔 것 같지가 않았다. 노인은 하늘을 보며 중얼거렸다. "궁벽하게 된 나는 비록 신세가 끝나가지만, 이 손자에게는 하늘이 때를 정해주기만 바랍니다."

두려움

하늘이 시샘한다는 말을 조금 더 염두에 두었어야 했다. 건강하게 자라던 숙길에게 병마가 줄지어 찾아왔다. 어느 날 숙길은 몸을 덜덜 떨며 어미 무릎을 파고들었다. 어미가 꼭 안아주어도 떨림은 멈추지 않았다.

며칠 그러다 말려니 했다. 아니었다. 숙길의 몸은 불덩이처럼 끓었고 입안이 바짝바짝 말랐다. 학질이었다. 숙길의 얼굴이 누렇게 뜨고 통통하던 살은 한꺼번에 빠져버렸다. 노인은 속으로 신음했다. 아무래도 자신이 하늘에 대고 한 말 때문인 것만 같았다. 올바른 때를 정해달라고 했던 말을 조물주가 오해했던 것만 같았다. 아니다. 그럴 리는 없었다. 분주하기 그지없을 조물주가 유독 숙길만 시샘했을 리는 없었다. 그래도 노인은 숙길이 자리에서 일어날 때까지 자신의 말을 쉼 없이 머릿속에 떠올리며 고통을 감내해야만 했다. 그러나 학질은 시작이었다. 병에서 회복된 아이는 침상에서 허비한 시간을 보충하려는 듯 기운차게 놀다가 손톱을 다치고 이마를 다쳤다. 더위를 먹어 경기를 일으키고 배앓이를 하고 고온에 시달렸다. 사내아이가 그렇지 하고 넘기려는 차에 마마에 걸렸다. 숙길은 죽을 뻔한 위기를 간신히 넘겼다. 숙길이 앓는 동안 노인은 고개를 숙이고 다녔다. 웬만해서는 입도 열지 않았다. 숙길이 병에서 완전히 회복된 것을 확인하고서야 살며시 고개를 들어 하늘을 보았을 뿐이었다. 하나 다행인 것은 그렇게 병마에 시달리면서도 숙길이 노인을 끔찍이 따른다는 점이었다. 숙길은 마마를 앓는 동안에도 노인이 자신 곁을 떠나지 못하게 했다. 자신의 똥오줌도 노인이 받아주기를 원했다. 노인은 기꺼이 그렇게 했다. 병마로 인해 노인과 숙길의 관계는 더 애틋해졌다. 노인이 홀로 외출하는 날이면 숙길은 늦은 시간까지 잠을 자지 않고 기다리다가 펄쩍펄쩍 뛰며 돌아오는 노인을 맞이했다. 그럴 때마다 노인은 속으로 생각했다. '아름다운 천품까지 타고났구나.' 물론 그 말은 절대 입 밖으로 내지 않았다.

노인이 입단속을 한 탓이었을까, 하늘은 숙길 대신 그의 아비 온을 데려갔다. 일곱 살이 된 숙길은 상복을 입고 소똥 같은 눈물을 흘렸다. 노인의 마음이 찢어졌다. 온도 불쌍했고, 숙길도 불쌍했다. 하늘에 대고 외치고 싶은 마음을 간신히 억눌렀다. 아들은 잃었으나 그래도 노인에게는 숙길이 있었다.

이제 노인의 책임은 더욱더 막중해졌다. 가문의 재기는 오로지 숙길의 손에 달려 있었다. 노인은 숙길에게 공부를 가르치는 것으로 슬픔을 잊으려 했다. 돌도 되기 전에 책 읽는 흉내를 내던 숙길이었다. 자신을 유난히 따르는 숙길이었다. 조금만 붙잡고 가르치면 천품이 뛰어난 숙길은 이내 자신의 능력을 세상에 드러내리라. 그러던 즈음 노인은 뜻밖의 광경을 목격했다. 숙길이 쌍소리를 하며 할머니에게 대드는 것이었다. 노인은 분노를 참지 못하고 회초리를 들었다. 몇 대 때리지도 않았는데 숙길이 눈물을 쏟았다. 그 눈물에 노인의 마음이 약해졌다. "조금 전과 같은 잘못을 또 저지르겠느냐?" 숙길은 소맷부리로 연신 눈을 훔쳐가며 대답했다. "다시는 그렇게 하지 않겠습니다."

그날 밤 노인은 자신의 일기에 이렇게 썼다.

> 손자가 더는 잘못을 저지르지 않을 듯하니
> 하늘이 복을 준 것이라 생각하노라.

분노

숙길의 대답은 말뿐이었다. 학업에는 조금의 열의도 보이지 않으면서 사사건건 문제만 일으켰다. 노인이 가장 견디기 힘든 건 책을 읽으면서 딴전을 피우는 것이었다. 노인의 꾸지람을 들으면 숙길은 자신의 잘못을 곧바로 반성했지만 노인이 잠시 자리를 비우자 곧바로 뛰쳐나가 아이들과 어울렸다. 노인은 여종을 불러 숙길을 데려오도록 했다. 강제로 끌려온 숙길은 여종에게 있는 대로 화를 냈다. 그 모습을 보던 노인은 버선발로 뛰쳐나가 숙길의 뒤통수를 때렸다. 그러고는 방으로 데려와 창문 앞에 세운 뒤 엉덩이를 때렸다. 숙길이 숨죽여 울었다. 그 조용한 울음이 노인의 가슴을 더 아프게 했다. 노인은 숙길을 밖으로 내보냈다. 노인은 숙길의 뒷모습을 보며 중얼거렸다. "어린아이 중에 부지런히 공부하는 이가 몇이나 되겠나? 가는 세월이 너무도 아쉬워 할아비가 조바심을 내고야 말았구나."

그 뒤로 노인은 화와 회초리를 멀리하려 애를 썼다. 아직 어리니 놀고 싶을 때는 놀게 하는 것도 훈육의 방법이거니 생각하려 애를 썼다. 단옷날 그네를 원 없이 타도록 내버려둔 것도 그래서였다. 그러나 숙길은 도통 만족을 몰랐다. 다음 날이 되어도 그네에서 내려올 줄을 몰랐다. 노인은 슬며시 경고의 말을 던졌다. "글을 짓지 않으면 그네를 끊겠다."

숙길은 듣고도 모른 척했다. 노인은 칼을 들어 그네를 끊었다. 울부짖는 숙길의 종아리를 때리고 또 때렸다. 종아리에서 흐르는 피를 보고서야 회초리를 내려놓았다. 그래도 분이 풀리지 않은 노인은 나중에 더 때릴 것이니 그리 알라고 엄포를 놓았다. 숙길은 전에 그랬듯 숨죽여 울었다. 노인을 숙길을 밖으로 내보냈지만 마음은 전과는 사뭇 달랐다. 포기라는 단어가 머릿속을 맴돌았다. 노인은 고개를 젓고는 바닥에 내동댕이쳐진 그네를 바라보았다.

노인이 할 수 있는 가장 강한 수단을 동원했음에도 숙길은 달라지지 않았다. 숙길은 걸핏 하면 화를 냈다. 다른 이의 말이 마음에 들지 않으면 욕부터 내뱉다가 때로는 주먹을 휘두르기도 했다. 자신이 원하는 것을 하지 못하면 바닥에 드러누워 소리부터 지르는 것은 별난 일 축에도 들지 않았다. 머릿속을 맴돌던 포기라는 단어가 자포자기로 확대되어 턱 하니 입가에 자리 잡았다. 숙길이 가문의 앞날을 짊어지기는 어려울 듯했다. 아니 불가능했다. 그러나 노인은 숙길을 포기하지 않았다. 어떻게든 숙길을 다잡는 것이 노인에게 남겨진 마지막 사명일 터였다. 집안은 전쟁터가 되었다. 타이르고 화를 내다가 인내의 한계에 이르면 회초리를 들었다. 숙길이 흘리던 조용한 눈물은 제어되지 않는 욕설로 변했다. 노인은 조용히 한숨을 쉬었다. 장대하던 가문이 몰락하는 것은 이제 기정사실이 되었다. 노인은 숙길을 향해 아예 저주의 예언을 퍼부었다. "작게는 자신을 욕되게 하고, 크게는 가문을 기울게 할 것이다."

미련

그렇다고는 해도 포기는 쉽지 않았다. 사람은 변하게 마련이다. 훌륭한 천품을 지닌 숙길이 다시 한 번 바뀌지 않으리라 단언할 수는 없다. 노인은 틈날 때마다 숙길을 붙잡고 가르쳤다. 어느새 머리가 커진 숙길은 이제 고분고분하게 노인의 말을 따르지 않았다. 자신을 책망하는 노인을 비웃었고, 노인의 가르침에 이의를 제기했다. 좌부승지로 일하며 임금의 눈과 귀 노릇을 했던 노인 앞에서 자신의 경전 해석이 옳다고 주장하며 목청을 높였다. 노인은 할 말을 잃었다. 훈계도, 회초리질도 소용없었다. 노인의 기력만 쇠하게 할 뿐이었다.

숙길의 만행은 그것으로 끝나지 않았다. 노인은 숙길이 술을 밝힌다는 사실을 알게 되었다. 숙길의 나이 겨우 열네 살이었다. 사내대장부로 태어났으니 호탕하게 술 한두 잔 비우는 것을 가지고 뭐라 하고 싶지는 않았다. 하지만 숙길은 자제력이 결여된 아이였다. 한번 술을 마시면 취하도록 마셨고, 집에 돌아와서는 아무 데나 게워냈다. 노인은 하늘을 쳐다보았다. 이제 하늘은 두려움의 대상이 아니었다. 어차피 더는 빼앗길 것도 없었으므로.

늙은이 자식 잃고 손자에게 의지하는데
손자는 지나치게 술을 탐해 자주 취하네.
번번이 취하고 토하는 걸 한탄할 수도 없으니
기박한 운명이 얼마나 한스러운가?

그날 밤 노인은 잠을 이루지 못했다. 어쨌거나 숙길의 나이 겨우 열네 살이었다. 아직은 어린아이였다. 한두 해가 더 지나면 바뀔 수도 있었다. 노인도 열네 살 시절에는 불량스러운 아이였을지도 모른다. 특별히 기억나는 잘못은 없지만 노인은 그렇게 믿고 싶었다. 노인은 자리에서 일어나 밖으로 나갔다. 유난히 밝은 달을 보며 두 손 모아 마지막 소원을 빌었다. 모든 것을 앗아간 하늘이 제발 그 하나의 소원만은 들어주기를 바라고 또 바라며.

내가 진심으로 하나뿐인 손자에게 바라는 건
시종일관 학문을 완성하여 가문을 일으켜 세우는 것.

《양아록》해설

《양아록養兒錄》은《묵재일기默齋日記》로 유명한 이문건李文楗이 손자를 양육하면서 겪었던 일과 느낌을 기록한 책이다. 조선시대를 통틀어봐도 조부가 손자 양육 과정을 기록으로 남긴 사례는 매우 드물다. 한두 해의 기록이 아니라 16년 동안의 기록임을 감안하면 유일무이하다고 말하는 것이 더 현실적이겠다. 그만큼 이문건은 손자인 숙길에게 많은 것을 기대했다. 그가 가졌던 기대의 폭은 갓 태어난 숙길을 위해 쓴 축원문에도 그대로 드러난다.

"대를 이을 맏아이를 내려주셨으니 이것은 천세의 경사를 연 것이며, 가통을 계승하는 것이며, 만복의 근원을 베풀어주신 것입니다……. 잇고 잇고 또 잇고 이어서 가문을 끝없이 보존하고, 자자손손 세대를 유지하여 끊어지지 않게 하여주소서. 신 등은 전율과 지극한 두려움을 이길 수 없어, 삼가 백배하며 글을 지어 위로 비옵니다."

숙길은 자라서 어떤 사람이 되었을까? 임진왜란이 일어났을 때 의병을 일으켜 상을 주려 했으나 사양하며 받지 않았다는 기록만이 전한다. 이문건이 이 사실을 알았다면 어떤 표정을 지었을지가 몹시 궁금하다.

이
상
한
싸
움

첫 번째 싸움

1658년 6월 10일 아침, 남자*는 적들과 처음으로 마주쳤다. 강 한가운데 닻을 내리고 있던 적들은 자신들보다 몇 배는 많은 선단의 출현에 놀라 급히 돛대를 세우고 후퇴했다. 어렵게 만난 적들이었다. 그냥 보내어서는 안 되었다. 청과 조선의 연합군은 그들을 턱밑까지 추격한 후 대포를 쏘았다. 생존이 걸린 문제였으니 적들도 그냥 물러나지는 않았

---

* 남자의 이름은 신류로, 제2차 나선정벌의 전말을 담은 《북정일기》를 썼다. 박태근이 번역하고 해제를 단 《북정일기》(정신문화연구원)에서 지식을 얻었다.

다. 검은 강은 이내 대포의 향연장으로 바뀌었다. 대포 공격은 천지를 뒤흔드는 소리만큼 강한 위력을 발휘하지는 못했다. 모호한 포격전의 와중에서 빛을 발한 것은 조선인 포수들이었다. 포수들은 코앞에서 창을 꽂는 듯한 위력적이고 정확한 사격 솜씨를 발휘해 적들을 혼란에 빠뜨렸다. 사수들의 지원까지 이어지자 판세가 빠르게 결정되었다. 적들은 우왕좌왕했다. 일부는 배 안으로 숨어들었고, 일부는 배에서 뛰어내려 가까운 숲으로 몸을 숨겼다. 가까이 있는 적선을 병사들이 갈고리로 끌어당겼다. 제일 먼저 배 위로 올라간 이들은 포수였다. 포수들이 배를 불태우려는데 청의 대장 사이호달沙爾虎達의 명령이 떨어졌다. 배를 손상시키지 말라는 것이었다. 남자는 이해할 수 없었다. 승부가 기울었다고는 하지만 끝난 것은 아니었다. 기회가 왔을 때 완벽하게 적을 제압하는 것은 병법의 기본이었다. 사이호달은 병법 따위는 안중에도 없다는 태도를 취하고 있었다. 어쩔 수 없었다. 대장은 남자가 아니라 사이호달이었다. 마음에 들지 않는 명령도 명령이었다. 남자는 조선인 포수들에게 다시 배로 돌아오라고 지시를 내렸다. 적들은 그 빈틈을 놓치지 않았다. 포수들이 허둥대며 건너오는 동안 배 안의 적들과 숲속의 적들이 반격을 가했다. 화공을 생각해 지나치게 근접해 있던 것이 문제였다. 거리가 가까우니 적들의 보잘것없는 사격 실력도 커다란 위협으로 작용했다. 조선인 포수들이 잇따라 쓰러졌다. 사이호달은 청의 병사들과 사공들까지 피해를 입자 비로소 화공을 지시했다. 불화살이 공중을 빈틈없이 채웠다. 적의 배 일곱 척이 순식간에 불길에 휩싸였다. 조선인 사수와 포수 들이 적의 배 한 척을 골라 줄줄이 올라탔다. 남자가 탄 배는 조선인 병사들을 태운 채 상류로 향하는 적의 배를 앞장서서 추격했다. 도망갈 길이 없음을 깨달은 적들은 배를 버리고 숲속으로 숨어들었다. 탈출하지 못한 적들은 아무도 살아남지 못했다.

밤이 깊었다. 가랑비가 내리는 밤이었다. 어둠과 함께 싸움도 끝이 났다. 살아남은 적들은 배 한 척에 함께 타고 도망쳐버렸다. 승리에 만족한 사이호달은 그들을 추격하지 않기로 결정했다. 남자는 조선인 병사들의 피해 상황을 확인했다. 사망자가 일곱이었고, 부상자가 스물여섯 명이었다. 싸움은 끝났지만 남자의 울분은 한창이었다. 이토록 많은 사망자와 부상자가 발생한 것은 사이호달의 오판 때문이었다. 정확히 말하면 오판이 아니라 욕심이었다. 남자는 사이호달이 화공을 꺼린 까닭을 잘 알았다. 사이호달은 배 안에 든 모피에 욕심이 났던 것이다. 결국 그 욕심 때문에 무고한 조선인 병사들의 목숨이 낯설고 검은 강에서 사라져야만 했던 것이다. 간신히 울분을 가라앉히자 무기력함이 찾아왔다. 사이호달의 잘못은 명명백백했지만 뭐라 항의할 수도 없었다. 그는 청의 장수였고 싸움의 책임자였다. 남자는, 아무것도 아니었다. 조선인 병사들의 생사를 책임져야 하는 위치에 있었지만 정작 그들의 목숨이 이승과 저승 사이를 오갈 때 남자는 아무것도 하지 못했다.

다음 날 사이호달은 전사한 병사들을 화장시키라는 명령을 내렸다. 남자는 정신이 멍했다. 화장은 청의 풍습이었다. 죽은 병사들을 조선으로 데려가지는 못할망정 이국의 풍습에 따라 재로 만들라는 말인가. 남자는 사이호달에게 간절히 요청했다. 자신의 목숨을 다해 싸운 이들이니 조선의 관습에 따라 처리하게 해달라고 말이다. 사이호달은 잠시 얼굴을 찌푸렸다가 고개를 끄덕였다. 남자는 흑룡강가의 야트막한 언덕에 일곱 명의 조선병사를 묻었다. 적당한 만사도 떠오르지 않았다. 그저 감정이 북받치는 대로 이렇게 한탄했을 뿐이었다.

"멀리 이국땅에 와서 모래펄 속에 묻힌 바 되었으니 측은한 마음 이를 데가 없구나!"

사이호달은 계산에도 철저했다. 조선인 병사들이 포획한 적의 물건들을 모조리 가져간 것이다. 그중에는 조총도 있었다. 적의 조총은 쇠붙이와 돌을 부딪쳐 점화를 하는 수석식燧石式 조총이었다. 화승식火繩式 조총만을 보아왔던 남자에게 그 총이 몹시 신기하게 보인 것은 당연했다. 그래서 조선에 가져가려 했던 것인데 그 조총마저 빼앗겼다. 남자의 우울한 마음을 아는 것은 하늘뿐이었다. 가랑비는 끊일 듯 끊일 듯 쉬지 않고 내렸다. 남자는 그 가랑비만 하염없이 바라보았다.

다음 날 중상을 입었던 포수 한 명이 세상을 떠났다. 남자는 이미 죽은 동료들 곁에 그를 묻어주었다. 장례를 치르는 동안 청의 병사들은 마을 사람들과 함께 풀숲을 뒤졌다. 적의 병사 십여 명이 발견되었다. 사이호달은 그들을 죽이지 않고 배에 실었다. 남자는 비로소 그들의 모습을 자세히 볼 기회를 얻었다. 얼굴 모양과 머리털은 남만인南蠻人들과 비슷했으나 어딘지 모르게 더 영악해 보였다. 청의 통역관은 그들이 차한국인車漢國人이라 했다. 남자는 고개를 저었다. 그런 나라는 일찍이 들어본 적도 없었다. 풀숲에서는 즐거운 웃음소리가 끊이지 않았다. 마을 사람들이 이미 죽은 시체들을 난도질하면서 내는 소리들이었다. 남자는 눈을 감았다. 어찌 되었건 싸움은 끝났다. 정체도 모르는 적들을 상대로 한 싸움을 더는 하고 싶지 않았다. 물론 남자의 뜻대로 일이 돌아가지는 않을 터였다. 싸움을 계속하느냐 마느냐는 사이호달이 결정할 일이었다. 다행히도 사이호달은 싸움을 끝내는 쪽으로 방향을 잡았다.

송화강으로 돌아가는 배에 올라탄 남자의 마음은 오래간만에 가벼워졌다. 귀향길은 항상 즐거운 법이었다.

두 번째 싸움

송화강 어귀에 도착한 직후 뜻밖의 소식이 전해졌다. 사이호달의 지시는 다음과 같았다.

"도적들이 아직 남아 있으니 조선군은 철수해서는 안 된다. 군관을 회령에 보내 군량을 실어오도록 하라."

남자는 입술을 깨물고 침착하려 애썼다. 흥분을 잠재운 남자는 청의 통역관에게 자신의 의사를 전했다.

"적을 다 무찌르지 못했다면 무슨 수를 써서라도 군량을 가져와 싸움을 계속하는 것이 옳다고 하겠소. 그러나 이미 적을 다 섬멸했는데 무엇하러 군량을 가져오라 명령하는 것이오? 이는 우리 북쪽 땅 백성의 힘으로 감당할 수 없는 것이오. 귀국에서 40일치 군량을 빌려주시면 어떻겠소? 그리만 된다면 먼 곳에서 실어오는 수고를 덜게 되니 참으로 고마운 일을 해주시는 것이오."

통역관들이 돌아간 후 남자는 나름대로 돌아가는 상황을 분석해보았다. 사이호달이 염려하는 것은 소문이었다. 적들이 흑룡강 상류에서 수십 척의 배를 만들고 있다는 소문. 그것이 사실인지 아닌지는 아무도 몰랐다. 남자 또한 자신의 배에 탄 포로에게 그 점에 대해 물어보았으나 확실한 대답은 듣지 못했다. 남자의 마음이 어두워졌다. 소문이 사실로 밝혀지는 날에는 웬만해서는 조선으로 돌아갈 수 없을 터였다. 불행 중 다행인 것은 북경에서 병사들을 이끌고 온 부사령관이 사이호달과는 견해가 다르다는 점이었다. 부사령관의 논리는 명쾌했다.

"조선군은 이미 적을 무찔렀으니 주둔할 이유가 없소. 군량까지 실어오라는 것은 말도 되지 않는 이야기니 어서 빨리 돌려보내시오. 적들이 아직 남아 있을지 모른다는 이유만으로 타국의 병사들을 잡아둔다면 앞으로 어떻게 파병을 요청하겠소?"

타당한 이야기였으나 사이호달은 끝내 수긍하지 않았다. 사이호달은 그저 남자에게 소 한 마리만을 보냈을 뿐이었다. 오래간만에 병사들이 포식하는 것을 보니 마음 한구석이 따뜻해지기는 했다.

북경 부사령관은 그대로 물러서지 않았다. 남자는 통역관들을 통해 부사령관과 사이호달의 논쟁을 빠짐없이 전해 들었다. 부사령관의 설득이 조금씩 먹혀들어가는 것 같았으나 쉽사리 결정은 나지 않았다. 남자는 점점 더 초조해졌다. 자칫 잘못하다가는 군량이 도착한 후 철군이 결정될 수도 있었다. 그 군량을 가지고 철수할 수도 없는 일이니 결국은 그대로 청에게 바치는 꼴이 되고 만다. 남자는 다시 한 번 대장에게 사람을 보내 자신의 심경을 전했다.

"가을이 가고 해가 가도 이곳에 주둔하는 것이 괴롭지는 않소. 다만 군량 보급만을 염려할 뿐이오. 회령과 영고탑 사이의 도로는 험난하고 물길도 여러 차례 지나야만 하오. 더욱이 지금은 장마철이라 비라도 맞는 날엔 군량이 다 썩어버릴 것이오. 40일치 군량을 우리가 먹을 수 있게 해준다면 그 은혜 정말로 크다고 할 것이오."

통역관을 통해 돌아온 답변은 간결했다. "잘 생각해보겠소."

허무한 날들이 속절없이 흘러갔다. 차가운 바람이 불고 귀가 아파왔다. 귀의 통증이 사라지자 몸살과 복통이 찾아왔다. 의원의 치료를 받는다면 금세 없어질 병이었다. 그러나 진중의 상황은 달랐다. 아픔은 그저 스스로 이겨내야만 하는 것이었다. 간신히 몸을 추스른 남자에게 좋지 않은 소식이 들려왔다. 가져온 군량이 다 떨어져 청의 군량을 먹어야만 하는데 그들이 준 군량의 질이 형편없다는 것이었다. 남자는 사이호달에게 담배를 선물로 보내면서 문제 해결을 요청했다. 뇌물은 효과가 있었다. 사이호달은 개선을 약속했다. 그러나 남자가 생각 못한 것은 통역관들이었다. 청의 통역관들은 자신들을 통하지 않고 직접 대장에게 교섭을 했다는 이유만으로 불같이 화를 냈다. 남자는 다시 한번 울분을 삼켰다. 청의 통역관들은 거개가 조선 출신이었다. 그런데도 조선인의 안위에는 눈곱만큼의 관심도 보이지 않았다. 조선에 들어올 때마다 편의를 봐준 사실은 기억에 존재하지도 않는 듯했다.

그나마 다행인 것은 8월 초 철군이 거의 확정되었다는 사실이다. 그렇게만 된다면 조선에서 군량을 가져올 필요는 없게 될 터였다. 물론 그러기 위해서는 청으로부터 빌려 먹은 군량에 대한 계산을 마쳐야만 했다. 작은 말[小斗]로 받은 것을 큰 말[大斗]로 갚는 셈이라 적잖이 배가 쓰렸지만 그 정도로 끝내는 것만 해도 다행스러운 일이었다. 군량 문제를 해결한 남자의 머릿속에 총 한 자루가 떠올랐다. 싸움에서 승리하고도 가질 수 없었던 바로 그 총, 수석식 조총이었다. 남자는 잠시 고민하다 사이호달을 찾았다. 남자 딴에는 간절하게 청했다고 생각했으나 사이호달의 반응은 냉정했다. "노획한 무기는 일일이 숫자를 적어 북경에 보고했소. 북경의 선처를 바랄 수밖에는 없소."

남자는 말없이 밖으로 나왔다. 잔뜩 흐린 하늘에다가 괴로운 심사를 토해냈다. "괘씸한 놈 같으니."

하늘은 말이 없었다. 차가운 바람 한 줄기만이 남자의 가슴을 서늘하게 할 뿐이었다.

남자가 두만강을 건넌 것은 8월 26일 저녁이었다. 그리던 조선에 돌아왔으나 마음은 무겁기만 했다. 사이호달은 남자가 떠나기 전 내년에도 싸움이 있을 것이라는 불길한 말을 던졌다. 물론 확실한 것은 아무것도 없었다. 싸움이 일어나지 않을 수도 있었고, 싸움이 일어나도 청의 병사들로만 치를 수도 있었다. 조선이 또다시 싸움에 휘말릴 것이라는 보장은 어디에도 없었다. 그래도 위안은 되지 않았다. 남자는 고개를 숙이고 손에 든 수석식 조총을 보았다. 떠나기 전 사이호달이 선심 쓰는 척하며 내준 것이었다. 이름도 들어본 적 없는 이국의 조총 한 자루만이 지금의 남자에게는 유일한 위로였다.

《북정일기》해설

1654년 2월 2일, 청의 사신 한거원은 조선을 방문해 나선정벌을 위한 조총수 100명을 보내달라는 문서를 효종에게 제출했다. 효종은 그에게 질문을 던졌다. "나선은 어떤 나라요?"

한거원이 답했다. "영고탑 옆에 별종이 있는데 이것이 바로 나선입니다."

효종은 변급邊岌을 사령관으로 임명하고 150여 명의 병력을 함께 파견했다. 싸움은 승리로 끝났다. 효종은 변급이 귀환한 후 작성한 보고서를 통해 비로소 나선이 서양의 나라임을 알게 되었다.

청의 요청은 한 번으로 끝나지 않았다. 1658년 3월 3일, 청의 사신 이일선이 조선을 방문해 2차 파병을 요구했다. 조건은 1차 때보다 더 나빴다. 조총수의 수는 100명에서 200명으로 늘어났으며, 군량 전체를 조선이 직접 조달해야 했다. 신류申瀏의《북정일기北征日記》는 바로 이 2차 나선정벌의 전말을 담은 기록이다. 4월 6일부터 8월 27일까지의 일기가 실려 있다. 이 기록에 의하면 실제 싸움이 벌어진 것은 6월 10일 단 하루뿐이다. 싱거운 싸움이었다고 폄하하면 곤란하다. 물리적 싸움은 하루였으나 심리적 싸움은 141일 내내 벌어졌으니. 심지어 귀환 후에도 그 싸움은 끝나지 않았다. 8월 27일자 일기 뒤에 붙은 〈출병 중에 보고 들은 것〉이라는 항목의 내용이 정신적 싸움에 내몰린 장수의 심정을 적나라하게 드러낸다.

"내년에 전쟁을 한다면 혹시 또 우리 조선 포수의 출병을 요구할 것인가 하고 물은 바, 어떤 자는 파병 요청을 어찌 미리 알 수 있겠는가라고 하기도 하고, 또 어떤 자는 비록 전쟁이 다시 일더라도 영고탑 군사들만 동원할 것이며 조선 포수의 파병을 요청하는 일은 절대 없을 것이라 하는 등 여러 오랑캐의 이야기가 하도 구구해서 어느 말을 믿어야 할지 도무지 알 수가 없었다."

곤차로프와
《두시언해》

지
루
한
여
행

노인

이반 알렉산드로비치 곤차로프Ivan A. Goncharov*는 크게 하품을 했다. 선원
들이 분주히 움직이며 상륙을 준비했지만 그는 조금도 마음이 동하지

---

* 러시아의 저명한 작가인 곤차로프는 1854년 4월 2일 팔라다 호를 타고 해밀턴(지금의 거문도)에
도착해 엿새 동안 머물렀다. 1852년 10월 러시아를 출발한 팔라다 호는 런던·홍콩·싱가포르·나
가사키·유구·마닐라 등을 경유해 거문도에 도착했다. 곤차로프는 이때의 체험을 바탕으로《전함
팔라다 호》를 집필하는데 그중에 조선에 대한 내용이 언급되어 있다. 박천홍이 지은《악령이 출몰
하던 조선의 바다》(현실문화연구)를 통해 곤차로프 여행에 대한 지식을 얻었으며 심지은이 편역한
《러시아인, 조선을 거닐다》(한국학술정보)를 참조했다.

않았다. 아바쿰Avvakum P. 신부가 다가와 물었다. "자네는?"

대꾸조차 생략하고 싶었지만 언제나 호기심으로 가득한 이 신부에게만은 그도 함부로 대하지 못했다. 곤차로프는 해변을 바라보며 대화의 주제를 넌지시 바꿨다. "멘시코프 호는 아직 도착하지 않았나봅니다."

아바쿰 신부가 그의 어깨를 두터운 손으로 감쌌다. "생각이 없는 모양이군. 그럼 배에 머무르게나. 나는 선원들과 함께 새로운 땅에 발을 디뎌보아야 하겠네."

곤차로프는 아바쿰 신부가 보트에 오르는 것을 심드렁한 눈으로 바라보았다. 보트는 순식간에 해변에 닿았다. 허름한 오두막 서너 채가 눈에 들어왔다. 문이 열렸다. 흰옷으로 몸을 감싼 남자 서넛이 밖으로 나왔다. 집 앞을 지나던 여자는 한달음에 내륙에 조성된 마을을 향해 달려갔다. 남자들이 몽둥이를 들고 몰려들었다. 선원들이 총을 꺼내들었다. 그들은 한 걸음 뒤로 물러섰다. 아바쿰 신부가 한자로 무엇인가를 쓴 후 그들에게 보였다. 효과가 있었다. 남자들은 아바쿰 신부를 향해 큰 소리로 무엇인가를 말했다. 아바쿰 신부가 고개를 갸웃했다. 아바쿰 신부가 다시 무엇인가를 써보였다. 남자들은 바다를 가리키며 고개를 내저었다. 다시 무언가를 써보였지만 결과는 마찬가지였다. 아바쿰 신부가 선원들에게 손짓을 했다. 선원들이 총을 들고 다가서자 남자들은 혼비백산해 달아났다. 곤차로프는 탄성도 경멸도 아닌 단음절의 소리를 내뱉으며 선실 안으로 들어갔다.

한 시간 후 아바쿰 신부가 조선인들을 데리고 돌아왔다. 그들이 쓴 괴상한 모자가 곤차로프의 마음을 움직였다. 모자라기보다는 우산에 더 가까웠다. 꼭대기는 머리통을 겨우 덮을 만큼 좁은데 테두리는 직경

1미터는 족히 되어 보였다. 실용성이라고는 조금도 찾아볼 수 없는 비효율의 극치였다. 곤차로프는 그 모자를 쓴 흰 수염 노인을 붙잡고 모자에 대해 더 캐묻고 싶은 마음을 간신히 억눌렀다. 그는 초면의 상대를 당황하게 하는 행동을 서슴지 않고 할 만큼 교양 없는 인간은 아니었다. 대신 그는 노인의 얼굴을 꼼꼼히 살펴보았다. 조선인은 그 생김새가 중국인·일본인과 별반 다르지 않았다. 곤차로프는 얼마 전 읽었던 《삼국통람도설三國通覽圖說》의 일절을 기억해냈다. "조선인들은 키가 크고 중국인·일본인보다 체격이 훨씬 더 다부지다. 조선인은 일본인보다 두 배나 더 많이 먹는 것이 분명하다. 조선인들은 교활하고, 게으르고, 고집이 세며, 노력하기를 좋아하지 않는다."

저자의 탁월한 관찰력에 내심 감탄하고 있는 순간 노인이 고개를 돌려 그를 보았다. 노인의 눈빛은 의외로 형형했다. 곤차로프는 자신도 모르게 그 시선을 피했다. 아바쿰 신부가 노인에게 무엇인가를 써서 보여주었다. 또 다른 통역관인 고시케비치Gosikevich가 동석한 선장을 위해 러시아어로 통역했다. "우리는 귀국과 교역을 하고 싶습니다."

노인은 눈을 한번 감았다 떴다. 그러고는 자기 앞에 놓인 럼주를 단숨에 비웠다. 독주를 마셨음에도 노인은 조금도 동요하지 않았다. 곤차로프는 팔짱을 끼고 노인을 바라보았다. 차림새는 허름했지만 노인은 범접하기 힘든 기품을 지녔다. 의례적인 인사말이 오고간 뒤 아바쿰 신부는 곧장 본론으로 들어갔다. "채소·생선·닭 등을 가져오면 럼주나 삼베로 바꿔드리겠습니다."

노인은 아바쿰 신부가 쓴 글을 소리 내어 읽었다. 독특한 리듬감 때문에 꼭 구슬픈 노랫소리처럼 들렸다. 노인은 붓을 들어 빠르게 무엇인가를 썼다. 고시케비치가 동시에 통역했다. "귀중한 닭은 우리에게 없습니다."

지금껏 쌓아온 노인의 인상이 단번에 허물어졌다. 거짓말이었다. 곤차로프는 해변 오두막에 닭들이 뛰어다니는 것을 똑똑히 보았다. 노인이 갑자기 곤차로프의 손을 꽉 잡았다. 아바쿰 신부와 눈길이 마주쳤다. 손을 빼지 말라는 뜻이었다. 노인의 손은 부드럽고 따뜻했다. 아바쿰 신부가 웃으며 또 다른 문장을 썼다. "식량을 얻고 싶습니다. 그냥 달라는 것은 아닙니다. 물물교환을 하고 싶다는 것입니다."

노인은 곤차로프의 손을 놓아준 후 이번에는 느리게 문장을 썼다. "부지不知. 모릅니다."

적절한 답변은 아니었다. 어떠한 요청에 대한 답변은 좋습니다, 혹은 싫습니다, 여야 했다. '모른다니? 도대체 뭘 모른다는 건가?' 곤차로프가 답변을 곱씹는 순간 노인이 자리에서 일어났다. 배를 빠져나가던 노인이 돌연 발걸음을 멈춰 곤차로프 쪽을 쳐다보았다. 곤차로프는 그 시선의 의미를 알아차렸다. 노인이 보고 있는 것은 벽에 걸린 그리스도의 성상이었다. 곤차로프가 대답했다. "우리의 구원자이신 예수 그리스도이십니다."

노인은 성상을 향해 고개를 숙여보였다. 그는 일행과 함께 밖으로 나갔다.

마을

다음 날 곤차로프는 아바쿰 신부와 함께 마을을 살펴보았다. 마을 풍경은 그가 상상했던 것과 조금도 다르지 않았다. 길은 좁고 더러웠다. 짚으로 덮여 있는 집들은 당장 무너지지 않는 것이 오히려 신기했다. 무엇보다도 곤차로프를 짜증나게 만들었던 것은 엉성하게 쌓은 돌담이었다. 곤차로프는 유구에서 보았던 꼼꼼하고 반듯했던 돌담을 떠올렸다. 유구인들은 조선인들처럼 무능했지만 그들에겐 예술적인 솜씨가 있었다. 조선인들에게는 아무것도 없었다. 야만에서 벗어나지 못한 생활은 그렇다 쳐도 개선의 노력조차 보이지 않는 것은 정말 이해하기 어려웠다. 곤차로프가 슬며시 돌담 안으로 고개를 내밀었을 무렵 한바탕 소동이 일어났다. 지금껏 멀찌감치 서서 지켜보고 있던 조선 청년 하나가 곤차로프의 옷자락을 갑자기 잡아당긴 것이다. 짜증이 난 곤차로프는 청년의 팔을 주먹으로 서너 대 때렸다. 청년은 비명을 지르고는 다른 조선인들이 몰려 있는 곳으로 돌아갔다. 조선인들 몇 명이 커다란 돌멩이를 집어 들었다. 선원들이 겨누는 총에 그들은 이내 돌멩이를 바닥에 내려놓았다. 아바쿰 신부가 곤차로프에게 물었다. "배로 돌아가겠나?"

곤차로프가 웃으며 답했다. "아닙니다. 조금 더 둘러보겠습니다."

곤차로프는 마을을 더 살펴보았다. 길지 않은 탐색을 통해 그는 노인이 어제 썼던 문장, 즉 부지라는 문장의 뜻을 조금은 이해할 수 있을 것 같았다. 부지, 그것은 당신들은 조선인들의 삶에 대해 아무것도 모른다는 뜻이었다. 조선인들에겐 아무것도 없었다. 경작지는 형편없이 부족했고, 산에서는 성한 나무 한 그루 찾기 힘들었다. 물물교환을 하고 싶어도 그들에겐 교환할 물건 자체가 없었던 것이다. 해변으로 나오자 노인 몇 명이 돗자리를 깔고 앉아 있었다. 어제 보았던 노인이 곤차로프를 향해 손짓을 했다. 곤차로프는 아바쿰 신부를 따라 정중하게 고개를 숙여보였다. 곤차로프 일행이 자리에 앉자 노인은 얼마 동안 머물 것인지를 물었다. 아바쿰 신부가 며칠 동안 머물 것이라고 답하자 노인은 고개를 끄덕거리고는 말없이 해변에 정박한 배를 바라보았다. 잠시 후 무엇인가를 빠르게 적어 아바쿰 신부에게 보여주었다. 아바쿰 신부의 안색이 달라진 것을 본 곤차로프가 노인이 적은 문장의 의미를 물었다. "우리는 세상 사정에 너무도 어둡습니다."

아바쿰 신부가 다시 무엇인가를 써서 노인에게 보여주었지만 노인은 아무런 응답도 하지 않았다. 노인은 지그시 눈을 감았다. 곤차로프가 자리에서 일어나자 아바쿰 신부도 함께 일어났다. 그 순간 다시 눈을 뜬 노인이 종이에다 무엇인가를 재빠르게 썼다 바로 구겨버렸다. 곤차로프는 배에 돌아온 뒤 노인이 쓴 것이 무엇인지를 물었다. 아바쿰 신부가 해변을 바라보며 대답했다. "두보라는 중국 시인이 쓴 시일세."

나라 깨져도 산하는 그대로[國破山河在]
성에 봄 들어 초목 깊어라[城春草木深].
시절에 느껴 꽃도 눈물을 쏟고[感時花濺淚]
이별을 한하여 새도 놀란다[恨別鳥驚心].*

무지, 혹은 부지

다음 날 곤차로프는 선원들과 함께 해변에 누워 느긋한 시간을 보냈다.

* 요시카와 고지로 등이 짓고 심경호가 번역한《당시 읽기》(창작과비평사)에서 〈춘망春望〉의 일부를 인용했다.

햇살은 따사로웠고, 바람도 거의 불지 않았다. 조선인 한 무리가 멀찌 감치 서서 지켜보고 있었지만 이제 그들은 더는 경계 대상이 아니었다. 곤차로프는 몸을 일으켜 조선인들을 바라보았다. 그의 머릿속에 조선의 이미지가 하나의 문장으로 정리되어 떠올랐다. '불쌍한 조선인들!'

조선인들은 문명이란 것을 접하지도 못한 미개인들이었다. 자신들이 살고 있는 세상에 어떤 일이 벌어지고 있는지도 모르는 갓난아기와도 같은 존재들이었다. 하지만 역설적으로 생각해보면 그것은 이들에게 아직 희망이 있다는 뜻이었다. 유럽인들의 우월한 문명이 이들에게 조금이라도 주입된다면 빠르게 바뀔 것이므로. 곤차로프는 자신의 결론이 만족스러운 듯 입가에 가벼운 웃음을 지었다. 바로 그 순간 선원하나가 큰 소리로 외쳤다. "빨리 보트에 타세요!"

곤차로프는 날아오는 돌멩이를 간신히 피했다. 선원들이 총을 쏘기시작했다. 조선인의 비명이 들리고 돌멩이 세례가 멈추었다. 보트에 올라탄 후에야 어찌 된 일인지 알 수 있었다. 쓰러진 조선인 남자 하나를 다른 조선인들이 둘러쌌다. 그들은 사람의 소리도, 짐승의 울부짖음도 아닌 이상한 선율의 노래를 부르고 있었다.

곤차로프는 탁자에 앉아 뜨거운 커피를 마셨다. 답답했던 속이 단숨에 뚫리는 느낌이었다. 하지만 자신의 귓가를 스쳐 지나간 돌멩이의 감촉은 아직도 남아 있었다. 긴 여행의 끝자락에 자칫 크게 다칠 뻔했다는 생각에 이르자 갑자기 기분이 나빠졌다. '미개한 어린아이들과 함께 있는 것은 정말 지루한 일이로군.'

돌멩이로 총에 맞서다니 조선인들은 정말 어린아이들이었다. 아이에게 화를 내는 것은 다 자란 어른이 할 행동이 못 되었다. 곤차로프는 자신의 마음을 다잡으며 커피를 음미했다. 고시케비치가 다가와 그에게 조선인의 모자와 책 한 권을 내밀었다. "어제 방문했던 노인이 사과를 하고 돌아갔습니다."

"그건 뭔가?"

"비서관님께 드리는 선물이랍니다. 《분류두공부시언해分類杜工部詩諺解》라, 아하 중국 시인 두보의 시 모음집이로군요."

곤차로프는 고개를 갸웃했다. 노인은 왜 곤차로프에게 이러한 것들을 준 것일까? 고시케비치가 모자를 쓰며 깔깔거렸다. "도대체 이걸 뭐에 쓴답니까? 벽에 걸어놓으면 좀 괜찮으려나?"

고시케비치가 모자를 걸자 벽 하나가 가득 찼다. 곤차로프가 고개를 젓자 고시케비치는 모자를 들고 밖으로 나갔다. 곤차로프는 책을 한번 펼쳤다 곧바로 덮었다. 어차피 자신에게는 무의미한 미개인의 언어였다. 그는 자신의 노트를 꺼냈다.

> 조선인과 함께 있는 것은 지루하다. 오밀조밀한 오두막과 주변의 경작지, 모두가 입고 있는 흰색의 폭넓은 가운, 스페이드 에이스를 닮은 넓은 광대뼈와 코, 말 털같이 덥수룩한 수염, 벌어진 입과 흐리멍덩한 눈초리, 시를 쓰고는 길게 늘어 빼며 읽는 모습. 이 땅에 오랫동안 멈춰 있을 이유라곤 하나 찾아볼 수 없다.

글쓰기를 마친 곤차로프는 크게 하품을 했다. 그의 머릿속에 노인이 썼던 짧은 문장이 떠올랐다. 부지. 그는 고개를 저어 그 문장을 지우고는 그대로 탁자에 머리를 기대어 잠을 청했다.

《두시언해》해설

두보는 조선인이 유독 편애한 시인이었다. 1799년 두보와 육유陸游의 시 각 500편씩을 뽑아 편찬한《두륙천선杜陸千選》에서 정조는 두보의 시에 대해 다음과 같이 평한다.

"《시경》이후에 나온 시 중에서《시경》의 대지大旨를 충분히 표출한 시를 차례로 꼽아보았더니, 오직 두보와 육유의 시만이 그에 가까웠다……. 그래서 마침내 두보와 육유의 근체시近體詩 천 수를 뽑아 엮어서《두륙천선》이라고 명명하였다. 그러니 재주의 유무를 떠나서 이 선집을 읽는 이는 비록 도道에 적중하지는 않는다 하더라도 도에서 멀지는 않을 것이다."

정조의 예에서 볼 수 있듯, 조선의 임금들은 두보의 시를 대중에게 널리 알리기 위해 많은 노력을 했다. 원제목이《분류두공부시언해》인《두시언해杜詩諺解》는 1481년 최초로 간행되었고, 1632년 두 번째로 간행되었다. 재미있는 것은 언해본에 대한 선비들의 독특한(?) 견해다. 두 번째 간행된 언해본에는 장유張維가 서문을 썼다. 그중 일부를 인용한다.

"시는 마음속으로 이해해야 할 대상이다. 그러니 주해注解 따위를 낼 필요가 있겠는가. 주해도 낼 일이 없는데, 더구나 방언方言으로 번역할 필요가 있겠는가. 그러나 견식見識이 뛰어난 자의 입장에서 논한다면야 물론 이 말이 당연하다 하겠지만, 배우는 자의 입장에서 생각한다면 마음속으로 이해되지 않는 점이 있을 경우 어찌 주해를 보지 않을 수 있겠으며, 또 주해를 보아도 시원하게 풀리지 않을 경우 어떻게 번역물을 보지 않을 수가 있겠는가. 이 점이 바로《두시언해》가 시가詩家에 공이 있게 된 이유라고 하겠다."

박학다식한 선비 이덕무는 《앙엽기盎葉記》에 《두시언해》의 발간 과정을 정리해놓았는데, 그의 견해는 장유의 것보다 더욱 흥미롭다.

"우리나라의 벽루僻陋한 말로써 두보의 심오深奧한 시를 풀이하였으니, 그 명물名物과 음운音韻이 서로 어긋나고 부합하지 않는 것은 당연한 결과다. 그러나 이제 수백 년이 지나 그 방언의 변화 과정을 상고할 수 있게 하니, 이 또한 문헌상으로 하나의 보탬이 될 만하다."

그런데 왜 노인은 낯선 러시아인에게 평생 보듬었을 《두시언해》를 건넸을까? 나는 모르겠다[不知].

김소행과
《삼한습유》

이
야
기
의
탄
생

기록

상형곡에 거주하는 양인 박자신朴自申의 딸 향랑香娘이 있었으니, 어릴 적부터 용모가 방정하고 성행이 정숙하여 이웃 남자와도 함께 노는 바가 없었다. 그 후모의 성질이 심히 불량해서 향랑을 박대하기가 날이 갈수록 심하여 욕하고 때리기에 이르러도, 향랑은 조금도 성내는 기색이 없었으며 부드럽게 말하고 명을 잘 따랐다. 열일곱 살에 같은 마을에 사는 임천순林天順의 아들 칠봉七奉의 처로 출가했는데, 칠봉은 나이 겨우 열네 살로 성행이 괴팍하여 향랑을 마치 원수처럼 미워하였다. 향랑은 이미 계모와 불화하고 또 그 남편에게 용납되지 못하여 숙부에게 몸을 의탁했는데, 숙부도 장차 그녀를 개가시키려 하였다. 이에 다시 시댁으로 돌아가니 시아버지 또한 다른 곳으로 개가하라고 하였다. 드디어 물에 몸을 던져 죽었는데, 죽을 때 부근 마을에 사는 한 초녀를 만나 자신의 슬픈 회포를 이야기했다 한다.

불면

무태거사無怠居士란 자가 향랑의 의열에 관한 일을 들려주었다. 기이한 글 읽기에 흠뻑 빠져 있던 무태거사는 향랑을 소재로 전기傳奇의 글을 지으면 어떻겠느냐고 했다. 남자*는 전기란 지괴誌怪에 가까운 법이니 취급하지 않는다고 넌지시 거절의 뜻을 비쳤다. 자리에 함께 있던 자들이 일제히 일어나 한목소리로 글을 지어달라 부탁했다. 남자는 글씨를 못 쓴다는 이유를 들어 재차 거절의 뜻을 표했다. 무태거사가 집요하게 붙들고 늘어졌다. "제가 문장은 비록 공교롭게 하지 못하지만 글씨는 어느 정도 씁니다." 남자의 얼굴에서 웃음기가 사라졌다. 남자는 목소리를 높여 이렇게 결론을 지었다. "안 한다고 했지 않소? 객쩍은 소리 그만하고 술이나 듭시다."

　　좌중은 안도했다. 남자가 낯빛을 엄히 하고 강력한 어조로 말하는 것은 실은 장난이라는 사실을 잘 알고 있기 때문이었다. 아마도 서너 달후에는 '향랑의 의열에 관한 기이한 이야기'를 모두가 읽을 수 있을 터

---

*《삼한습유》를 지은 김소행을 말한다.《삼한습유》에 대한 지식은 서신혜의《김소행의 글쓰기 방식과 삼한습유》(박이정)에서 얻었다. 향랑의 기록은 정창권의《향랑, 산유화로 지다》(풀빛)에서 인용했고, 이승수와 서신혜가 옮기고 주를 단《삼한습유》(박이정)에서 여러 부분을 인용해 본문에 넣었으니, 이는 김소행의 글쓰기 방식을 적용한 것이다.

였다. 남자는 단숨에 술잔을 비웠다. 머릿속이 복잡해졌다. 향랑·의열·전기·지괴…….조금 전 들었던 단어들이 잔뜩 흥분한 상태로 좌에서 우로, 앞에서 뒤로 굴러다녔다. 남자의 입에서 한숨이 흘렀다. 오늘 밤 편히 잠들기는 다 글렀다.

구상

향랑은 원통하게 죽었다. 배우자의 사랑은 아비가 아들에게서 얻을 수 없는 것이고, 임금이 신하에게서 얻을 수 없는 것이다. 그러므로 두 성을 합하는 혼인은 백년의 은의를 맺는 것이다. 아아! 하늘이 아니면 누가 이를 능히 하겠는가? 천명은 미리 정할 수 없는 까닭에 혼인하는 여자는 반드시 어진 사람을 택하여 배필을 삼아야 한다. 그것이 사람이 할 수 있는 일을 다하는 것이기 때문이다. 그러나 향랑은 어진 사람을 택하지 못했다. 그뿐 아니라 계모와 남편과 숙부와 시아버지로부터 모두 버림받았다. 향랑의 주위에는 의를 아는 이가 하나도 없었던 것이다. 향랑은 밝은 지혜와 현명한 지식을 가졌을 뿐 아니라 부모의 뜻도 어기지 않았다. 그런데도 모두에게 버림받았고, 홀로 남은 향랑은 죽음밖에는 택할 것이 없었다. 불우하다. 열녀로 인정을 받았다고는 하나 이미 죽은 마당에 무슨 소용이 있겠는가?

남자는 입술을 감쳐물었다. 그러고는 혼잣말을 내뱉었다. "다시 살려야겠다."

예상되는 질문들이 마음 깊은 곳에서부터 한꺼번에 터져나왔다. 왜 하필 향랑인가? 열녀를 되살려 무엇을 하겠다는 건가? 죽은 이를 살리려면 귀신의 이야기가 빠질 수 없을 터이니 안 하겠다던 지괴를 결국은 쓰겠다는 건가?

질문들에 대한 답은 물론 준비해두었다.

향랑은 선한 사람이었다. 하늘의 도는 선한 사람과 함께하는 법임을 보여주고 싶다. 정려문이 이미 세워졌고, 향랑이 죽기 전 불렀다는 〈산유화〉 한 곡조를 아낙들이 지금도 줄기차게 불러대는 것은 선행이 보상받은 증거다. 그러나 그것만으로는 향랑의 발분發憤이 온전히 풀렸다고 할 수 없다. 그래서 살리겠다는 것이다. 못 다 한 꿈을 이루게 하겠다는 것이다. 이미 죽은 자이니 물론 귀신의 이야기가 될 것이다. 그러면 어떠랴. 중요한 것은 후인들에게 향랑의 본래 마음을 제대로 알려주는 일일 테니.

핵심

'향랑은 김유신金庾信이다.'

밤새 뽑아낸 단 하나의 문장이었다. 남자는 자기도 모르게 손바닥을 마주치며 웃음을 터뜨렸다. 하나의 문장이기는 하나 이야기의 모든 것이 담겨 있는 소중한 문장이었다. 이 하나의 문장이 이루어낼 장대한 서사를 생각하니 가슴이 벅차 자리에 앉아 있을 수가 없었다. 남자는 뒷짐 지고 마당을 왔다 갔다 하며 문장에 살을 붙였다.

향랑은 보통 여자가 아니었다. 남편에게 버림을 받다시피 했고, 부모님도 돌아가셔, 삼종의 도가 다하여 갈 곳이 없는 처지가 된 터라 사는 고통이 죽는 것보다 더 심했다. 그렇지만 외로이 자기 한 몸을 지키고 홀로 그 뜻을 보전하여 장차 기다리는 것이 있는 것처럼 행동했다. 옛날 지사 중 생사의 때를 살펴 굳게 참아 큰일을 이룬 자가 과연 향랑보다 낫다고 말할 수 있는 것일까? 사세가 급박하여 강포함이 미치려 하자 깊은 연못에 임해서도 떨지 않고 푸른 하늘에 물어도 부끄럽지 않았으니 옛날 용사 중 만인을 대적한 자라 해도 향랑에게 비길 수 있는 것일까? 그런 향랑이 고초를 당한 이유는 무엇인가?

그건 바로 향랑이 여자로 태어났기 때문이었다. "박복하게도 몸이 여자가 되었으니 비천함은 이루 다 말하기 어렵네"라는 옛 시의 말대로 여자로 태어난 이상은 그 박복함과 비천함이 숙명처럼 달라붙기 때문이었다. 남자는 발걸음을 멈추고 하늘을 보며 외쳤다. "나는 향랑으로 하여금 여자의 몸으로 태어나 욕을 당하지 않도록 하겠다. 향랑이 전생하여 김유신이 되지 말란 법이 도대체 어디 있는가?"

기세에 억눌려 입도 뻥끗하지 못하던 소심한 생각이 남자의 말이 멈춘 틈을 타 조용히 자신의 의견을 개진했다. "향랑이 비록 열녀이기는 하지만 아낙에 지나지 않네. '사람을 견주는 것은 반드시 수준에 맞게 해야 한다'라는 옛 글도 있듯이 향랑으로 하여금 충신열사가 되어 책을 읽고 예를 좇는 선비가 되게 한다면 또 모르거니와, 적장을 목 베고 적진을 무너뜨리는 용기를 가지고 나라의 땅을 넓힌 공을 세우게 하는 것은 적당하지 않은 것 같네."

남자는 답답한 듯 한숨을 내쉬었다. 그러고는 자신의 머리를 톡톡 두드리며 이렇게 말했다. "언제가 되어야 문장에 담긴 깊은 뜻을 제대로 이해할 건가? '향랑은 김유신이다'라는 문장은 향랑을 김유신으로 만들겠다는 뜻이 아닐세. 삼국통일의 기치를 마련한 용맹한 장수 김유신도 향랑 앞에서는 부끄러움을 느끼지 않을 수 없도록 만들겠다는 말일세. 알겠는가?"

구성

남자는 향랑의 환생으로부터 시작해 이야기를 전개시키기로 했다. 향랑의 환생은 비틀기 구성이라 불러야 마땅한 것으로 남자가 가장 즐겨 쓰는 방법이었다. 열녀인 향랑이 두 번째 혼인을 위해 이 세상에 내려온다는 것인데, 읽는 이들은 이 부분에서 적지 않은 충격을 받을 터였다. 열녀의 재혼이라니, 현실에서는 있을 수도 없고, 있어서도 안 되는 일인 것이다. 남자의 비틀기는 물론 이 정도로 그치지 않는다. 남편감을 고르는 것도 향랑이었고, 혼인을 제안하는 것도 향랑이었다. 읽는 이들이 정신을 차리기도 전에 남자는 다음 이야기를 재빨리 이어간다. 향랑의 두 번째 혼인을 놓고 천상에서도 날선 논쟁이 벌어지게 된다. 이미 죽은 여자가 다시 지상에 내려가 혼인하는 것은 천상에서도 전례가 없던 일이었다. 지루한 논쟁 끝에 향랑의 뜻이 받아들여지는데 그것은 대인大人 공자가 내린 명쾌한 결론 덕분이었다. 그 결론은 이러했다. '이는 예에 맞는 일이다. 아무개 부인은 음탕하지 않다.' 향랑은 멈추지 않는다. 한 걸음 더 나아가 억울하게 죽은 여자들을 찾아가 함께 지상으로 내려가자고 제안하기까지 한다.

"물론 그들은 거절하겠지. 인습에 젖은 그들 눈으로는 향랑을 이해하기 힘들 테니."

향랑의 행동에 불만을 품은 참소가 이어지지만 향랑은 이 역경마저 극복해낸다. 이 과정에서 도움을 주는 것은 바로 사마천이다. 반대자들의 입을 단번에 막아버린 그의 논리는 이러했다. '향랑이 법도를 지키면서도 변화에 맞게 처신한 것은 권도를 다한 것이라 할 수 있으니 옳습니다.'

"이것으로 다 되었다고 생각하겠지만 이야기는 이제 시작일 뿐."

남자의 말대로 이야기는 이제 시작이다. 단지 향랑을 되살리기 위해
서라면 지난밤을 꼬박 새우지도 않았을 것이다. 천제는 향랑의 혼인이
무사히 치러질 수 있도록 하기 위해 지상에서 가장 용맹하다는 김유신
장군을 혼례의 주관자로 임명한다. 그러나 천상에는 천제만 있는 것이
아니었다. 천제의 일을 망치는 것으로 자신의 존재 의의를 찾는 마왕은
향랑이 지상과 천상에 일대 분란을 일으키는 것을 더는 참지 못하고 향
랑의 혼인 상대인 효렴을 잡기 위해 군대를 파견한다.

"마왕에 맞설 장군을 누구로 한다? 그래, 항우項羽가 있었구나."

남자의 얼굴이 기쁨으로 젖었다. 열녀 향랑의 이야기가 완성되는 순
간이었다. 남자의 머릿속에서 문장들이 줄줄이 이어졌다. 지금껏 읽어
왔던 수많은 글들은 이 이야기 속에서 비로소 제자리를 찾을 것이었다.
남자의 가슴이 자부심으로 차올랐다. 한 여자의 일을 가지고 자신의 큰
역량과 지혜를 드러내게 되는 것이었다. 일견 허무맹랑해 보이는 이야
기를 가지고 만고의 기이한 이야기와 좋은 역사를 만들게 되는 것이었
다. 문장은 사건의 힘으로 기이해지고, 사건은 문장을 빌려 실재가 된
다. 문장이 영원하면 사건도 없어지지 않으니 이를 통해 향랑도 영구불
변의 이름을 얻게 될 것이었다.

가탁假託

이제 남은 것은 머릿속 이야기를 글로 써내는 것뿐이었다. 남자는 방으
로 들어가 서안 앞에 앉았다. 먹을 갈고 붓을 들었다. 시험 삼아 첫 문장
을 써보았다.

동방의 나라는 해 뜨는 가장자리에 놓여 있어서 아침마다 해가 솟을 때면 아름다운 경치가 바다에 비치며 천지가 환하게 빛나는 까닭에 조선이라 불렀다.

천천히 읽었다. 만족스러웠다. 본격적으로 써 내려가려는데 다시 한 목소리가 들려왔다. "이것이 정말 향랑의 이야기인 것인가?"

남자는 고민도 하지 않고 곧바로 대답했다. "내 앞서 말하지 않았나? 한 여자의 일을 가지고 자신의 큰 역량과 지혜를 드러내는 것이라고. 내가 향랑이고 향랑이 나일세. 나는 향랑을 통해 기억되는 것이고, 향랑은 나를 통해 기억되는 것일세. 내가 이유도 없이 사마천과 항우를 등장시킨 줄로 생각했는가? 그렇지 않네. 그들과 향랑에겐 공통점이 있으니 바로 발분의 마음일세. 나 또한 그렇고. 이제 답이 되었나?"

남자는 다시 붓을 들었다. 이제 남자의 붓은 이야기가 끝나기 전까지는 결코 멈추지 않을 것이었다. 그것이 남자의 방식이었다.

《삼한습유》해설

《삼한습유三韓拾遺》를 쓴 김소행金紹行은 김상헌金尙憲의 5대손이다. 안동 김씨의 일원임에도 평생 관직에 오르지 못하다가 나이 여든을 넘겨 첨지중추부사가 되었다. 그 이유가 재미있다. 장수했기 때문이란다. 일생을 포의로 살 수밖에 없었던 것은 그의 증조부가 서출이었기 때문이고.

《삼한습유》의 과격성은 김소행의 삶에서 비롯되었다. 홍석주洪奭周가 "김소행은 향랑에 대해서 대개 유독 그 죽음만을 슬퍼한 것이 아니라 그 불우함을 더욱 불쌍히 여겼다"라고 쓴 것도, 김매순金邁淳이 "김소행은 약관의 나이에 문장을 이루었으나 늙어 머리가 새도록 세상과 만나지 못했다"라고 쓴 것도 그의 삶을 안타까이 여긴 까닭이다.

그렇다고 그가 비탄에 젖어 산 것은 아니었다. 그러기는커녕 도저한 자부심으로 한세상을 살았다.《삼한습유》를 마치고 난 후 쓴 그의 자평이다.

"마음 가는 대로 이야기를 지었어도 처음과 끝이 있으며, 인위적인 흔적이 없이 선후 좌우가 조리 있게 모든 요소를 갖추었다."

매
뉴
얼

기획

믿고 의지할 매뉴얼이 있다는 것은 좋은 일이다. 잘 짜인 매뉴얼 하나만 있으면 살면서 봉착하는 대개의 어려움은 쉽사리 이겨낼 수 있다, 는 것이 한씨*의 믿음이었다. 그런 한씨였으니 죽은 며느리를 대신할 새 며느리 간택을 코앞에 둔 상황에서 새로운 매뉴얼을 기획하는 것은

---

* 성종의 어머니인 소혜왕후 한씨를 말한다. 인수대비란 명칭으로도 알려져 있다. 소혜왕후 한씨가 지은 《내훈》에 대한 전반적인 지식은 이경하가 주해를 단 《내훈》(한길사)을 통해 얻었으며, 신명호의 《조선왕비실록》(역사의아침), 김범의 《연산군》(글항아리), 한희숙의 논문 〈조선 초기 소혜왕후의 생애와 내훈〉을 참조했다. 인용문은 이경하의 책에서 가져왔다.

지극히 자연스러워서 일종의 천리로조차 느껴질 정도였다.

한씨에게 이번 매뉴얼은 특히 중요했다. 이전의 매뉴얼은 엄밀히 말하자면 한씨 혼자만을 위한 것이었다. 남편을 잃고 어린 두 아들을 홀로 키우는 여인의 흔들리는 마음을 다잡기 위한 용도가 주였다는 말이다. 독자가 하나뿐인 매뉴얼이었으니 절차가 복잡할 필요도 없었다. 《소학》과《열녀전》을 펼쳐놓고 마음에 와 닿는 구절을 반복해 읽으면 되었다. 예컨대 "빈 그릇을 잡되 가득 찬 것을 잡듯 하고, 빈방에 들어가되 사람이 있는 곳에 들어가듯 한다", "말이 충성스럽고 신뢰할 수 있으며 행동이 돈독하고 공경스러우면, 남쪽과 북쪽의 오랑캐 나라에서도 행세할 수 있다"와 같은 구절들은 그날 하루를 살아가기에 전혀 부족함이 없는 것들이었다.

물론 한씨는 반복해 읽는 것으로 그치지 않았다. 그날 읽었던 구절들을 실제 상황에 적용해 문제를 바로잡아야 비로소 매뉴얼의 가치가 빛을 발하는 법이므로. 한씨는 문을 활짝 열고 방 안으로 뛰어들어 가는 큰아들을 가르치기 위해 회초리를 들었고, 빈 그릇으로 장난을 치는 둘째 아들에게는 매서운 눈초리로 경고의 메시지를 보냈다. 매뉴얼대로 행동하는 한씨를 보는 주위의 반응도 나쁘지 않았다. 시아버지와 시어머니는 한씨를 '폭빈暴嬪'이라 불렀으나 그 단어에 담긴 감정은 비난과 질타가 아니라 애정과 격려에 더 가까웠다. 시부모의 그런 반응 또한 한씨가 매뉴얼대로 살았기 때문에 가능한 일이었다. 구구절절한 설명보다는 한씨를 오랫동안 지켜본 여인의 증언을 인용하는 게 좋겠다.

"공경하는 우리 인수왕대비仁粹王大妃 전하께서는 세조대왕께서 잠저에 계실 때부터 양궁兩宮을 받들어 모심에 밤낮으로 조금도 해이하지 않으셨고, 세자빈에 책봉되신 후에도 더욱 삼가 부도婦道를 지켜 수라 상을 친히 돌보시고 곁에서 떠나지 않으셨으니, 세조대왕께서 항상 효 성스러운 며느리라 칭찬하시고 효부도서孝婦圖書를 만들어 하사하시어 그 효성을 드러내셨습니다."

한씨를 아끼고 칭찬하던 시아버지는 세상을 떠났으나 시어머니는 지금도 한씨 곁에 있었다. 시어머니의 변함없는 지지와 성원이 한씨에 게는 큰 힘이 되었다. 그 지지와 성원에 보답하는 길은 이제는 임금이 된 둘째 아들의 새로운 배필을 제대로 뽑고 교육시키는 것밖에는 없었 다. 그러므로 이번 매뉴얼의 주된 독자는 우선적으로는 둘째 아들이 총 애하는 궁중 여인 몇몇이 될 것이었다. 그러나 궁중 여인들의 상황은 한씨가 보기에는 가히 절망적이었다. 기회가 닿는 대로 자신의 첫 번째 매뉴얼인《소학》과《열녀전》을 가르쳤지만 그 두툼한 분량만으로도 얼 굴에 절망적인 표정을 짓는 이들이 태반이었다. 아들들에게 그랬던 것 처럼 회초리를 들어 가르칠 수는 없었다. 여인네의 본성이 그러한 것을 어찌겠는가? 한씨가 새로 구성한 매뉴얼의 초입에 다음과 같은 소회를 피력한 까닭이기도 하다.

"무릇 남자는 마음이 호연한 가운데 노닐고 뜻을 미묘한 데 두어서 옳고 그름을 스스로 분별하여 자기 몸을 지탱할 수 있으니, 어찌 나의 가르침을 기다린 후에 행하리오. 여자는 그렇지 않아서 한갓 길쌈의 굵 고 가는 것에 만족하고 덕행의 높음을 알지 못하니, 이는 내가 날마다 한스럽게 여기는 바다."

한씨는 절망 대신《소학》과《열녀전》과《여교女敎》와《명감明鑑》을 펼 쳐놓고 새로운 매뉴얼에 들어갈 것들을 추려내는 작업을 시작했다. 매뉴얼만 있으면 불가능도 가능으로 만들 수 있을 터였다. 무지몽매한 여인도 현부賢婦로 만들 수 있을 터였다. 전설의 요순시대를 현세에 구현할 수 있을 터였다. 매뉴얼에 대한 굳건한 신뢰는 한씨의 다음과 같은 일성에 너무도 적확히 표현되어 있다.

"너희들은 이를 마음에 새기고 뼈에 새겨 날마다 성인이 되기를 기약하라."

적용

한씨의 매뉴얼은 제 가치를 충분히 발휘했다. 첫 번째 진가는 물론 새 며느리를 간택하는 장면에서 드러났다. 한씨의 시어머니는 숙의淑儀 윤씨가 한 말, 즉 "저는 본래 부덕하고 과부의 집에서 자라 보고들은 것이 없으므로 사전四殿에서 선택하신 뜻을 저버리고 주상의 성명한 덕을 더럽힐까 두렵습니다"에 반해 그녀를 간택했다고 내외에 천명했다. 시어머니의 선택 기준은 물론 한씨의 매뉴얼에 등장하는 다음 구절과 일맥상통하는 것이었다. "아내는 남편에게 몸을 낮추고 뜻을 나직이 하여 거짓으로 존대하지 말고, 오로지 순종함을 알아서 감히 그 뜻을 거스르지 않아야 한다."

시어머니는 숙의 윤씨의 검소함도 언급했는데 이 또한 매뉴얼에 분명히 존재함은 더 말할 필요가 없을 터다.

그러나 매뉴얼이 진정한 가치를 발휘한 것은 몇 개월이 더 지난 후였다. 임금의 아이를 낳은 윤씨는 예전과는 사뭇 다른 모습을 보이기 시작했다. 교만과 방자라 불러 마땅한 행동들이 이어지더니 급기야는 방 안에 독약과 저주 법을 담은 책을 숨겼다가 발각되기에 이른다. 독

약과 저주는 물론 임금의 사랑을 받고 있는 다른 후궁을 향한 것이었다. 한씨로서는 탄식이 절로 나올 수밖에 없는 사건이기도 했다. 사건 자체도 추악했지만 자신의 매뉴얼이 윤씨의 결점을 잡아내지 못한 것이 더 아쉬웠다. 아쉽다고 해서 주저앉아 있을 수만은 없는 일. 한씨는 이제는 완벽에서 조금 모자란 것이 된 매뉴얼을 뒤져 합당한 구절을 찾아내 시어머니에게 보였고, 시어머니는 고개를 끄덕이는 것으로 동의를 표현했다. 그 구절은 이러했다.

"무릇 아들과 며느리가 공경하지 않고 효도하지 않으면 급작스럽게 미워하지 않고 좀더 가르쳐야 한다."

좀더 가르치는 것, 그 구절은 빈으로 강등시키고 별궁으로 거처를 옮기는 것으로 구현되었다. 합당한 조치였지만 그럼에도 분노가 풀리지 않는 것은 매뉴얼 신봉자인 한씨로서는 어쩔 수 없는 부분이었으리라. 분노라면 매뉴얼로 달래야 한다. 그날 밤 한씨는 밤새 매뉴얼을 읽으며 자신을 반성했고, 덕분에 아침 일찍 시어머니를 찾아가 웃는 얼굴로 문안 인사를 드릴 수가 있었다.

매뉴얼에 제시된 경고를 받았음에도 윤씨의 태도는 바뀌지 않았다. 2년 3개월 후 임금은 급작스럽게 신하들을 불러 이렇게 말한다.

"예법에 칠거지악이 있지만 중궁의 경우는 자식이 없어 쫓아내는 것이 아니라 말이 많거나 순종치 않거나 질투해서 쫓아내는 사례다. 이제 그를 서인으로 폐출하려는데 경들은 어떻게 생각하는가?"

의문형 문장이었던 관계로 신하들은 공손히 자신들의 의견을 밝혔지만 사실 그 문장은 신하들의 의견을 구한다는 의례적인 뜻 외에는 아무것도 담겨 있지 않았다. 신하들의 반대에도 임금은 자신의 결정을 번복하기는커녕 종묘에 아뢰라는 말을 덧붙임으로써 아예 폐출을 확정해버린다. 임금의 자신감 뒤에는 물론 매뉴얼이 있었다. 임금은 신하들을 만나기 전 자신의 어머니 한씨와 할머니를 만나 자초지종을 고했고, 한씨가 내민 매뉴얼을 통해 행동의 방향을 결정했던 것이다.

"남편을 무시함이 정도를 넘으면 꾸지람을 듣게 되고 분노가 그치지 않으면 회초리가 뒤따른다. 무릇 부부가 된다는 것은 의리로써 화친하고 은혜로써 화합하는 것이다. 매질이 있게 되면 무슨 의리가 있을 것이며, 비난이 난무하는데 무슨 고맙게 여기는 마음이 있을 수 있겠는가. 고맙게 여기는 마음과 의리가 다 없어지면 부부는 헤어질 수밖에 없다."

매뉴얼에 따라 뽑았던 새 며느리는 매뉴얼에 따라 내쳐졌다. 임금은 단지 내치는 것만으로는 만족하지 않았다. 급기야는 사사의 명을 내리기에 이르는데 매뉴얼에서는 찾아볼 수 없는 조치였다. 한씨는 반대하지 않았다. 매뉴얼 그대로는 아니었지만 매뉴얼을 폭넓게 해석한 조치로 볼 수도 있기 때문이었다. 윤씨가 죽던 날 밤 한씨가 읽으며 위로를 얻었던 바로 그 부분이다.

"행실이 하늘과 땅의 뜻을 거스르면 하늘이 벌을 내리고, 예와 의를 행함에 허물이 있으면 남편이 박대할 것이다. 그러므로 여헌女憲에 이르기를 '한 사람의 마음을 얻으면 이른바 영원히 함께하다가 삶을 마치고, 한 사람의 마음을 얻지 못하면 이른바 영원히 관계가 끝난다'고 하였다. 이로 말미암아 말하건대, 그의 마음을 얻지 못해서는 안 된다."

부작용

폭넓은 해석은 가끔 부작용을 수반하기도 한다. 폭넓은 해석이 가능하다는 것은 이렇게도 저렇게도 생각할 수 있다는 뜻이니 고개를 갸웃하며 의구심을 품거나 심하게는 노골적으로 반발을 표하는 인물의 등장은 사실 필연적이다. 임금의 뒤를 이어 새로 임금이 된 이가 그랬다. 새 임금은 전 임금의 아들이자, 죽은 윤씨의 아들이자, 한씨의 손자였다. 어머니인 윤씨가 비명횡사했다고는 하나 그 사건에 아버지와 할머니가 관여된 만큼 사건 전체를 심사숙고하는 것이 정상이겠지만 어찌 된 까닭인지 이 임금의 관심은 오직 죽은 어머니에게만 집중되었다. 그러다 보니 생각보다는 감정이 앞서게 되었고, 그 감정은 이미 죽은 아버지 것까지 더해 할머니인 한씨에게 몰아서 표출된다.

어머니의 죽음에 아버지의 후궁이었던 엄씨와 정씨의 참소가 결정적인 역할을 했다고 확신한 임금은 그들의 자식인 이항李珩과 이봉李㦀의 머리카락을 움켜쥐고 한씨를 찾아가 이렇게 외친다. "대비가 사랑하는 손자가 바치는 술잔이니 한번 맛보시오."

이항을 시켜 잔을 올리게 한 후 임금은 한씨에게 이렇게 묻는다. "대비는 어째서 내 어머니를 죽였습니까?"

매뉴얼에 없는 질문을 받은 한씨는 말을 잇지 못했다. 화를 풀지 못한 임금은 이항과 이봉은 물론, 그들의 어머니들마저 죽여버렸다. 금수에 가까운 손자의 모습에 한씨는 삶의 희망을 버렸지만 임금은 한씨를 쉽게 죽이지 않았다. 한씨는 대신들에게 임금을 설득하라 부탁하기도 했지만 부질없는 일이었다. 삐뚤어지기로 마음먹은 임금을 설득할 수 있는 신하들은 조선 천지에는 없었으므로. 그 결과 한씨는 임금이 추는 처용무를 눈앞에서 목격하기에 이른다. 할머니 앞에서 칼을 휘두르며 춤을 추는 손자를 보며 한씨는 무엇을 생각했을 것인가?

물론 매뉴얼이었다. 거의 완벽하다고 생각했던 매뉴얼에는 실은 너무도 큰 빈틈이 있었다. 매뉴얼 어디에도 무도한 손자를 둔 할머니가 취해야 할 태도는 나와 있지 않았던 것이다. 굳이 응용 가능한 구절을 꼽자면 다음 것 정도가 될 터였다.

"부모가 계집종의 자식이나 서자와 서손을 매우 사랑하신다면, 비록 부모가 돌아가셔도 자식은 죽을 때까지 그들을 공경하기를 줄이지 말아야 한다."

그러나 이는 지나치게 폭넓은 해석이란 비난을 피할 수가 없을 터였다. 한씨는 할머니였지 계집종의 자식이나 서자나 서손이 아니었으므로. 매뉴얼의 수많은 구절들을 머릿속으로 빠르게 읽어나가던 한씨가 미약하게나마 고개를 끄덕거린 것은 다음 구절에 이르러서였다.

"부인 노릇 하기가 가장 어렵다. 노력하지 않을 수 있겠는가."

그렇다. 부인 노릇은 정말로 어렵다. 완벽한 매뉴얼을 만들기도 정말로 어렵다. 한씨는 처용인지 손자인지 분간도 안 되는 인간의 막돼먹은 춤을 바라보면서 기회만 된다면 꼭 매뉴얼을 모든 노력을 기울여 손보아야겠다고 마음을 먹었다. 물론 기회가 된다면 말이다.

《내훈》해설

소혜왕후昭惠王后 한씨가 《내훈內訓》을 편찬한 것은 성종 6년(1475)의 일이다. 본문에서도 밝혔듯 이 시기 왕실의 최대 관심은 새로운 왕비를 간택하는 일에 모여 있었다. 후궁들은 겉으로는 조신한 모습을 보였지만 실제로는 대단한 암투를 벌이고 있었을 터였다. 한씨는 그 점을 무척 못마땅하게 여겼다. 한 나라의 흥망은 남자에게 달렸지만 그 남자를 뒷바라지하는 것은 여자였다. 그러므로 여자 또한 성인의 가르침을 배워야 한다는 게 한씨의 입장이었다. 당대 최고의 여류 지식인이었던 한씨는 곧바로 왕실 여성들을 위한 지침서를 편찬했는데 그것이 바로 《내훈》이었다.

《내훈》이 세간에 알려져 있는 것만큼 형편없는 텍스트는 아니다. 성리학의 기본 텍스트인《소학》에서 상당수가 인용된 만큼 지금 읽어도 고개를 끄덕이게 할 만한 구절들이 상당수 포함되어 있다. 조금만 인내하면 일독할 만하다.

한 가지 지적하고 싶은 것은 한씨의 아버지 한확韓確이다. 한확은 자신의 누이동생 두 명을 명 황실에 공녀로 보냈고, 그 연줄로 부와 권력을 누렸다. 누이동생 하나를 보낸 것은 그럭저럭 이해할 수도 있다. 하지만 황제가 죽자 그 누이동생이 자살로 생을 마감했는데도 다시 누이동생을 보낸 것은 좀처럼 납득하기 어려운 결정이다. 한씨가 윤씨를 직접 죽인 것은 아니다. 그저 관여했을 뿐이다. 그럼에도 한씨의 모습에서 그의 냉정한 아비가 떠오르는 것은 왜일까? 결국 매뉴얼의 문제인 것만은 아닌 셈이다.

김양기와
《단원풍속도첩》

가을이 오는 소리

아비가 몸을 뒤척이다 나직한 신음을 내뱉었다. 그림을 보던 소년*의
얼굴에 어두운 그늘이 하나 더 생겨났다. 아비의 신음이 코 고는 소리
로 바뀌었다. 다행이었다. 소년은 아비를 한참 더 바라보다가 그림으
로 눈을 돌렸다. 쓸쓸한 그림이었다. 달빛도 쓸쓸했고, 나무도 쓸쓸했
고, 바람도 쓸쓸했고, 괴석도 쓸쓸했다. 집 안에 앉아 밖을 보는 아비의
얼굴도 쓸쓸했다. 그림 속에서 살아 움직이는 것은 소년뿐이었다. 왼팔

---

* 김홍도의 아들 김양기를 말한다. 김홍도에 관한 지식은 오주석의 《단원 김홍도》(열화당)를 통해
얻었으며, 본문의 인용 글 또한 모두 오주석의 책에서 인용했다.

을 들고 어딘가를 가리키는 소년은 그 천진한 생동감 때문에 도리어 이질적인 느낌을 주었다. 아비는 그림 속의 남자가 아비라고 말하지 않았다. 그림 속의 소년이 소년이라고 말하지도 않았다. 그럼에도 소년은 그림 속의 소년이 자신이고, 그림 속의 남자가 아비라고 믿었다. 논리는 간단했다. 그게 아니라면 왜 죽음을 앞둔 아비가 아픈 몸을 어르고 다독여가며 남자와 소년이 등장하는 그림을 그렸겠는가. 병이 깊어진 후 부쩍 말수가 적어진 아비였다. 소년을 불러다놓고도 말 한마디 안 하는 날이 더 많은 아비였다. 그런 아비가 그린 그림이었다. 그렇다면 그림 속에는 분명 아비가 소년에게 마지막으로 하고픈 말이 들어 있을 것이었다. 소년은 아비를 흘낏 보았다. 어느덧 코 고는 소리도 들리지 않았다. 아비는 미동도 없이 깊은 잠에 빠져 있었다. 살짝 벌어진 입 속으로 보이는 검은 구멍이 작아졌다 커졌다 했다. 소년은 손을 뻗어 아비의 이불을 목까지 올려 덮었다. 얼굴을 덮고 싶은 충동을 간신히 억누른 결과였다. 아비가 뭐라 말한 듯싶어 움찔했다. 환청이었다. 소년은 몸을 움직여 그림 왼쪽 상단에 적힌 구양수의 글을 읽어나갔다.

"아, 초목은 감정이 없건만 때가 되니 바람에 날리어 떨어지도다. 사람은 동물 중에서도 영혼이 있는 존재다. 온갖 근심이 마음에 느껴지고 만사가 그 육체를 수고롭게 하니, 마음속에 움직임이 있으면 반드시 그 정신이 흔들리게 된다. 하물며 그 힘이 미치지 못하는 것까지 생각하고, 그 지혜로는 할 수 없는 것까지 근심하게 되어서는, 홍안이 어느새 마른 나무같이 시들어버리고 까맣던 머리가 백발로 변하는 것이 당연하다 하겠다. 금석 같은 바탕도 아니면서 어찌하여 초목과 더불어 번영을 다투려 하는가? 생각건대 누가 저들을 죽이고 해하는가? 또한 어찌 가을의 소리를 한탄하는가? 동자는 아무 대답 없이 머리를 숙이고 자고 있다. 사방 벽에서 벌레 우는 소리만 들리나니 마치 나의 탄식을 돕는 것만 같다."

구양수는 동자에게 질문을 던졌지만 아비는 소년에게 아무것도 묻지 않았다. 그러므로 이상한 소리의 기원을 묻는 질문에 동자는 '별과 달이 환히 빛날 뿐 사방에 인적은 없고, 소리는 나무 사이에 납니다'라는 대답이라도 할 수 있었지만 아무것도 듣지 못한 소년은 묵묵부답일 수밖에 없었다. 그럼에도 소년은 마치 자신이 큰 잘못이라도 저지른 것처럼 아비를 보며 고개를 숙였다. "동자는 아무 대답 없이 머리를 숙이고 자고 있다"는 구절이 왠지 소년에게 던지는 말 같았기 때문이다. 잠든 것은 아비였지만 그렇다고 바뀌는 것은 아무것도 없었다. 아비는 비난에 능한 사람이 아니었다. 싫은 소리를 해야 하는 상황에서도 웃음을 짓는 이가 아비였고, 부당하게 손가락질을 받는 상황에서도 술 한잔 마시고 입을 닦는 것으로 모두 잊고 마는 이가 바로 아비였다. 그런 아비가 며칠 전 소년에게 미안해 하는 속내를 비추었다. 그 한 장의 편지를 소년은 똑똑히 기억하고 있다.

날씨가 이처럼 차가운데 집안 모두 편안히 지내며 너의 독서 공부는 한결같으냐? 내 병의 상태는 모친에게 부친 편지에 이미 자세하므로 다시 말할 필요가 없겠다. 김 동지가 가서 자세히 이야기하기도 했을 것이다. 너의 훈장 선생 댁에 갈 월사금을 찾아 보내지 못 하는 것이 한스럽다. 정신이 어지러워 더는 쓰지 않는다.

소년은 편지를 받자마자 아비의 곁으로 왔다. 하고픈 말이 참으로 많았다. 어쩌자고 편지에 월사금도 찾아 보내지 못한다는 이야기를 쓴 것인지, 정신이 어지럽다는 이야기는 또 왜 쓴 것인지 두 눈 똑바로 뜨고 그 이유를 묻고 싶었다. 아비를 보자 그 모든 질문들은 목구멍 속으로 사라졌다. 아비는 묻지도 않은 질문에 대한 대답으로 그림을 내보였다. 소년의 지력으로는 그림이 건네는 대답을 이해할 수가 없었다. 〈추성부도秋聲賦圖〉라는 이름과는 달리 그림 속에는 소리가 없었다. 거대한 침묵과 회한만이 흔들리는 붓질로 남아 그림을 휘저었다. 소년은 아비에게 고개부터 숙였다. 그 행동에 논리적 이유는 없었다. 그저 아비에게 그러고 싶었을 뿐이었다. 아비가 몸을 뒤척였다. 잠시 잊고 있었던 신음도 함께 몸을 뒤척였다. 소년은 주먹을 움켜쥐었다. 아비는 너무도 늙었고, 소년은 너무도 어렸다. 목숨이 경각에 달린 아비에게 해줄 수 있는 것이라고는 아무것도 없었다. 하여 소년은 두 귀로 들었던 아비의 화려했던 지난날을 떠올려보기로 했다. 아비는 화원 중의 화원이었다. 예리한 감식안으로 이름이 높았던 정조 임금은 아비에 관한 한 너그럽고 자애로운 임금이었다. 그가 남긴 글이 그 증거였다. "김홍도金弘道는 그림에 솜씨 있는 자로서 그 이름을 안 지가 오래다. 삼십 년쯤 전에 나의 초상을 그렸는데, 이로부터 무릇 그림에 관한 일은 모두 홍도를 시켜 주관케 하였다."

"그림에 관한 일은 모두 홍도를 시켜 주관케 하였다"는 것은 빈말이 아니었다. 정조 임금은 아비를 살아 있는 붓으로 삼았다. 자신의 모습을 그리게 한 것은 물론이었고, 금강산을 화폭에 담아오라 했으며, 사도세자思悼世子를 추모하기 위해 세운 용주사에 불화를 그리도록 명하기도 했다. 정조 임금은 아비를 수시로 불러들이는 일에도 망설이지 않았다. 이를테면 다음과 같은 장면들이 그렇다. "박윤묵朴允默 군이 예전에 단원 김홍도, 송하 조윤형曹允亨, 기원 유한지兪漢芝와 더불어 필운대 정자에서 단풍 구경을 하고 있었는데, 정조 임금께서 불시에 불러 들라 하셨다. 주상께서는 그곳에서 놀았던 일을 크게 칭찬하시고 내처 궁중의 맛난 술과 좋은 안주를 보내어 다시 가서 놀게 하셨다. 또 노닐며 지은 시의 두루마리를 들이라 하여 보셨으니, 이것은 참으로 세상에 드문 은혜며 영광으로 지금까지도 입에서 입으로 전해온다."

정조 임금의 파격적인 대우는 그것으로 전부가 아니었다. 아비를 연풍현감으로 임명한 것은 총애의 극치라 할 만했다. 인근의 명소 단양의 절경을 샅샅이 그려오라는 명령이 있었다고는 하나 파격은 파격이었다. 아비의 연풍현감 시절을 생각하면서 소년은 자기도 모르게 한숨을 내뱉었다. 소년이 태어난 곳이 바로 연풍이었다. 아비 나이 마흔여덟에 얻은 첫 아들이었으니 전설 같은 사연이 없을 리가 없었다. 전설의 현장은 바로 공정산 상암사였다. 태수는 늙도록 아들이 없더니 이 산에서 빌어 아들을 얻었다. 이것은 내 알기로는 그가 착한 일을 쌓은 끝에 얻은 경사이거니와, 승려들은 부처님께서 착한 업보에 응답하신 것으로 돌릴 것이다. 소식蘇軾은 "모든 사물의 이루어짐과 무너짐은 서로의 인과를 좇아서 끝없이 계속된다"고 하였다. 이 암자가 오래되어 사라질 지경에 이르렀는데 고승의 발원과 태수의 치성으로 살아남았다.

아비는 상암사가 꽤 마음에 들었던 것 같다. 자신의 녹봉을 던져 불상과 탱화를 정비한 것을 보면. 자신의 도움으로 면모를 일신한 절에서 소년까지 얻었으니 기쁨은 말로 표현하기 힘들 정도였을 것이다. 하지만 소식이 했다는 그 말은 소년을 얻는 것으로 제 운명을 다한 것이 아니었다. 아비의 영락은 소년을 얻은 이후부터 시작되었다. 아비에 대한 비방이 끊이지 않더니 마침내 현감 자리를 내놓기에 이르렀다. 소년에게 뭐라 하는 이는 아무도 없었지만 자신이 기억조차 할 수 없는 그 시절의 회상은 늘 소년을 괴롭혔다. 결과적으로 아비는 그 좋던 시절을 소년의 탄생과 맞바꾼 거나 마찬가지였다. 그림도, 공부도, 인품도 아비에게 미치지 못하고, 심지어 그림 속 아비의 질문조차 이해하지 못하는 어리석은 소년을 위해서 말이다. 물론 아비가 하루아침에 영락한 것은 아니었다. 아비는 유람하듯 천천히 내리막길을 통과해 마침내 바닥까지 이르렀다. 소년이 본 것은 바닥에 머무른 아비뿐이었다. 정조 임금의 총애도, 연풍현감 시절도 소년에게는 다 남으로부터 들은 이야기에 지나지 않았다. 소년의 눈에 눈물이 맺혔다. 늙은 아비에게 줄 수 있는 게 눈물뿐이라는 사실이 안타까웠다. 눈물이 흐느낌으로 변했다. 제 감정 하나 다스리지 못하는 것만 보아도 소년은 소년이었다. 아비가 몸을 뒤척이는 소리를 듣고서야 흐느낌을 멈추었지만 이미 늦었다. 몸을 일으킨 아비는 눈을 가늘게 뜨고 소년을 보았다. 고개 숙인 소년을 바라보던 아비가 목구멍에서 이야기를 꺼냈다. 이미 여러 차례 들었던 이야기였다. 그러나 아무리 들어도 질리지 않는 이야기이기도 했다. 나중에 소년의 벗은 이 이야기를 이렇게 기록했다.

음보로써 벼슬이 연풍현감에 이르렀으니 집이 가난하여 가끔씩 끼니를 잇지 못하였다. 하루는 어떤 이가 매화 한 분을 파는데, 매우 기이한 것이었으나 매화와 바꿀 돈이 없었다. 그러다가 마침 돈 삼천을 예물로 보낸 이가 있었으니, 이는 그림을 그려달라는 사례였다. 곧 이천을 던져 매화와 바꾸고 팔백으로는 술 몇 말을 사서 친구들을 모아 매화 술자리를 열었으니, 남은 이백 냥으로 쌀과 땔감 밑천을 삼았으나 하루 생계도 되지 않았다.

소년은 호시절의 아비보다 매화 한 분을 위해 이천 냥을 던진 아비가 더 좋았다. 그 행위 속에는 많은 의미가 내포되어 있을 터였다. 정조 임금의 총애를 받던 아비가 일개 화원으로 만족해야만 했던 불운한 시절에 대한 울분, 그러나 개의치 않는다는 기개, 현실을 수용하기보다는 외면하려는 심약한 태도 등은 그저 그 많은 의미들 중 극히 일부일 것이었다. 어찌 되었건 아비가 보인 그 모습은 아비의 스승이었던 강세황 姜世晃이 평한 것과 한 치도 다름이 없었다. "김홍도는 어릴 때부터 내 집에 드나들었는데 눈매가 맑고 용모가 빼어나서 익힌 음식을 먹는 세속 사람 같지 않고 신선 같은 기운이 있었다."

소년의 눈물이 웃음으로 변하자 아비는 오래된 화첩을 하나 꺼내보였다. 아비가 신선이자 화선이던 시절의 화첩이었다. 아비는 말없이 화첩을 보면서 느릿느릿 넘겨갔다. 소년이 태어나기도 전에 그려진 그림들이었으나 너무도 익숙한 그림들이기도 했다. 대장장이도 있었고, 풍각쟁이도 있었고, 주모도 있었고, 씨름꾼도 있었고, 춤추는 무동도 있었다. 세월은 흘렀어도 여전히 일상에서 볼 수 있는 장면들이었다. 아비는 무동 그림을 펼쳐놓고 소년을 바라보았다. 그 시선의 의미가 무엇인지 소년은 알 수 없었다. 한참 보고 있자니 불현듯 깨달음이 하나 찾아왔다. 자세히 들여다보니 무동은 소년과 꽤 닮았다. 입을 살짝 벌리고 웃는 그 웃음이며 작은 눈 등은 소년과 판박이였다. 깜짝 놀란 소년이 아비를 쳐다보았다. 말수 적은 아비는 아무 말도 하지 않았다. 자리에서 일어난 아비가 문을 살짝 열었다. 검은 바람이 소년의 머리를 서늘하게 식혔다. 소년은 아비의 그림 두 점을 번갈아 쳐다보았다. 그림 두 점에 아비의 삶이 담겨 있었고, 소년의 존재하지도 않았던 과거의 모습과 지금의 모습이 담겨 있었다. 이 그림 두 점의 의미는 무엇인가? 아비가 소년에게 하고픈 말은 과연 무엇인가? 소년이 들어야 하는, 혹은 읽어야 하는 내용은 과연 무엇인가?

늙은 아비를 이해하기에 소년은 너무도 어렸다. 소년이 아비만큼 늙지 않고서는 이해할 수 없는 그 말과 내용. 소년은 깨끗이 포기하고 일어나 아비 곁으로 갔다. 그러고는 아비의 시선이 향한 어두운 하늘 어느 곳인가를 보고 또 보았다. 자신의 몸이 아비를 향해 살짝 기울어진 것을 눈치조차 채지 못하면서.

《단원풍속도첩》해설

《단원풍속도첩檀園風俗圖帖》의 그림들이 언제 그려졌는지는 확실치 않다. 화첩 앞뒤에 붙은 〈군선도群仙圖〉의 화풍이 1781년에 그려진 〈사녀도仕女圖〉와 비슷하기 때문에 그즈음 그려지지 않았을까 추정만 할 뿐이다. 1781년은 김홍도에게는 여러모로 의미 있는 해였다. 일반에 널리 알려진 단원이라는 호를 처음 사용한 것도, 정조의 어진을 그린 것도, 서유구·남공철 등 이른바 경화세족들과 어울리며 〈세검정아집도洗劍亭雅集圖〉라는 그림을 그린 것도 바로 이해의 일이었다. 요약하자면 김홍도의 일생을 통틀어 가장 창창했던 시절인 것이다.《단원풍속도첩》이 그려진 시기도 정확히 알 수 없지만 김홍도가 언제 죽었는지도 알 수가 없다. 기록이 남아 있지 않은 탓이다. 이쯤 되면 우리 곁에 그의 그림이 남아 있는 것만으로도 다행이라 할 만하다. 아무튼 김홍도의 풍속화는 당대인들을 무척이나 놀라게 했던 것 같다.《임하필기林下筆記》에 다음과 같은 일화가 남아 있는 것을 보면.

"나의 집사람이 일찍이 말하기를 매일 밤 베개 맡에서 '쉬이! 비켜섰거라!' 하는 권마성이 들리고, 또 노새의 말방울 딸랑이는 소리가 나며, 때로는 마부가 종종거리며 말을 뒤따르는 소리가 나서 잠자리를 어지럽히는데, 어떻게 그런 일이 있게 된 것인지 알 수가 없다고 하였다. 어느 날 막 잠이 들려는 즈음 몽롱한 중에 또 그 소리를 듣게 되었는데, 그 소리가 병풍 사이에서 나오는 것을 알 수가 있었으니 이것은 바로 단원 김홍도가 그린 풍속화였다."

사람을 한없이 쓸쓸하게 만드는 〈추성부도〉도 좋지만 웃음이 절로 나오는 《단원풍속도첩》에는 미치지 못한다. 소년 김양기金良驥도 그리 생각했을까? 알 수 없는 일이다.

지
도
편
집
자

첫 번째

남자*는 가늘게 눈을 뜨고 최한기崔漢綺가 보내온 책을 보았다. 책은
두 권이었고 표지에는《청구도靑邱圖》**라 적혀 있었다. 한 장을 넘기
니 최한기가 쓴〈청구도제靑邱圖題〉글이 나왔다. 시작은 이러했다.

---

* 남자는《오주연문장전산고》를 남긴 이규경이다. 이덕무의 손자이기도 하다.

**《청구도》에 관한 지식은 전적으로 이기봉의《근대를 들어 올린 거인, 김정호》(새문사)와《조선
의 지도 천재들》(새문사)에서 가져왔다. 인용문 또한 두 책에서 가져왔다.〈청구도범례〉는 첫 번째
와 두 번째《청구도》에는 수록되어 있지 않으나 글의 흐름을 고려해 첫 번째부터 수록한 것으로 설
정했다.

벗 김정호는 스무 살 안팎부터 지도와 지리지에 깊이 뜻을 두고 오랫
동안 찾아 열람하여, 여러 방법의 장점과 단점을 자세히 살폈다.

남자는 고개를 끄덕였다. 방금 읽은 글을 통해 이 책의 저자가 김정
호金正浩라는 사실을 알게 된 것이다. 김정호라면 남자도 이름을 들은
적이 있다. 역시 최한기를 통해서였다. 최한기는 얼마 전에 〈지구전후
도地球前後圖〉라는 세계지도를 판각했는데 남자는 우연히 그것을 보고
베껴두었다. 자신이 보고 들은 모든 것을 기록하는 버릇이 있는 남자는
그 소감 또한 글로 남겼다. 남자는 원고를 뒤져 그때 썼던 글을 찾아냈
다. 그 글은 이러했다.

지구를 지도로 만든 것은 매우 많지만 우리나라에서는 목판으로 새
긴 것이 없다. 매번 연경으로부터 나오기 때문에 몰래 가지고 오지만
또한 많지 않다. 최근에 생원 최한기의 집에서 청나라 장정부의 탑본
을 처음으로 중간하여 세상에 내어놓았지만 도설은 미처 새기지 못
했다. 내가 다른 사람으로부터 그 도설을 얻어 보고 유실될까 두려워
그것을 베껴두었다. 최생원의 집은 한양의 남촌 창골에 있는데, 갑오
년(1834)에 대추나무 판목으로 진릉 장정부의 탑본을 모사하여 판각
했고, 김정호가 그것을 새겼다.

김정호의 이름은 그때 처음으로 알게 되었다. 남자는 책을 찬찬히 넘
겨보았다. 지도책이었다. 그러니까 최한기의 지도를 통해 얻은 지식에
다가 방금 본 바를 종합해 판단해보자면 김정호는 각수이자 지도 제작

자였다.

책 안에 수록된 지도는 언뜻 보기에도 예사롭지 않았다. 가장 눈에 띄는 것은 지도에 눈금이 없다는 사실이었다. 눈금이 없으니 지도를 보기가 무척 편했다. 궁금증이 생겼다. 그렇다면 관심이 있는 두 지역이 실제로 얼마나 떨어져 있는지는 어떻게 알 수 있는 것일까? 눈을 가늘게 뜨고 유심히 지도를 살펴보고는 고개를 끄덕거렸다. 지도의 위와 옆에 숫자가 있었다. 지도 안에 표시된 두 지역의 정확한 거리를 알고 싶은 이들은 그 숫자들을 참조해 거리를 파악하면 될 것이었다. 또 하나 눈에 띄는 것은 여러 가지 모양으로 된 기호였다. 기호의 사용이야 이전 지도에도 있는 것이었지만 이전 지도에는 그 기호에 대한 설명이 없었다. 하지만 김정호가 만든 새 지도에는 기호에 대한 설명이 되어 있을 뿐 아니라 기호의 종류도 이전에 비해 훨씬 더 많았다. 남자는 흐흠, 하고 감탄사를 내뱉었다. 흥미로운 것을 보았을 때 자신도 모르게 내는 소리였다. 남자는 한 번 더 흐흠, 하고 감탄사를 내뱉은 뒤 김정호가 직접 쓴 〈청구도범례靑邱圖凡例〉를 읽어보았다.

정조 때 여러 고을에 명하여 해당 지방을 그려서 진상하도록 하였다. 이에 눈금선표를 두었는데 혹은 팔도로 나누어 그렸고, 혹은 고을별로 나누어 뜻에 따라 만들었다……. 고을의 각 지도는 땅의 크기를 막론하고 반드시 동일한 종이 안에 배치하게 되어 경위선이 저절로 드물거나 촘촘한 구분이 생기게 되었다. 그 경계를 살핌에 이르러서는 찾아 밝히기가 어려워 작은 구멍으로 세상을 보는 폐단을 면치 못하게 되었다. 그러므로 이에 대폭의 전도로서 층판을 나누어 고기비

늘처럼 순서를 매겨 지도책을 만들었으니 거의 두 가지 문제점이 없
게 되었다.

　남자는 웃음을 지었다. 두 가지 이유 때문이었다. 그 하나는 지도에
대한 열정이 고스란히 느껴지는 김정호의 글 때문이다. 김정호는 기존
의 지도에 대해 불만이 많았다. 비록 겸허한 목소리를 가장하고 있지만
그의 글에서는 그 불만이 봉합도 안 된 상태로 생생하게 드러났다. 다
른 하나는 김정호가 갖고 있는 지식의 한계 때문이었다. 김정호가 말하
는 지도책은 《해동여지도海東輿地圖》가 분명했다. 그런데 《해동여지도》
는 신경준申景濬이 제작한 《조선지도》를 이용하기 편리하도록 다시 만
든 것이었다. 그러므로 《해동여지도》는 기실 신경준의 것과 하등 다를
것이 없다. 그런데 신경준은 정조 임금 시절이 아닌 영조英祖 임금 시절
에 그 지도책을 만들었다. 물론 신경준의 지도책 또한 그만의 독자적
인 작품은 아니었다. 남자는 또 다른 원고 하나를 찾아낸다. 자신과 비
슷한 기록 벽을 갖고 있었던 황윤석黃胤錫이 남긴 기록을 베껴온 것이었
다. 그 글은 이러했다.

　　신경준은 남들이 자기만 같지 못하고, 게다가 도본이 애초 정항령의
　　부친 정상기에게서 나왔고, 또 정철조鄭喆祚가 증수하였지만 마침내
　　신경준의 것이 되었으니…….

　그러니까 신경준은 정철조와 정상기의 것을 참조해 지도책을 만들
었던 것이다. 황윤석은 그럼에도 신경준이 정철조와 정상기에 대해서

는 입에 담지도 않았음을 자신의 기록을 통해 전하고 있었지만 남자에게는 그것이 중요하지는 않았다. 남자가 보기에 신경준은 지리학에 큰 업적을 남긴 학자였다. 지도책을 만들면서 도움을 받은 선행 작업이 있었음을 밝혔다면 더 좋았겠지만 그냥 입을 쓱 닦았다고 해서 그의 업적이 사라지는 것은 아니었다.

남자는 천천히 시간을 들여 김정호가 만든 지도책을 살펴보았다. 그러고는 다시 김정호가 쓴 글을 읽어보다가 또 한 번 흐흠 하고 감탄사를 내뱉었다. 다음과 같은 글 때문이었다.

산의 이름과 읍치 사이의 거리는 지지에 나타나 있는데 간행된 것 사이에 서로 다른 것이 많다…… 또 지도에 기록된 것과 지방 사람들이 말하는 것 사이에 또한 서로 다른 것이 있어 적절하게 따르기 어렵다. 따라서 우선 옛 지도에 실려 있는 것을 따르되 후고後考를 기다린다.

김정호는 참으로 특이한 사람이었다. 그는 꽤 혁신적인 지도책을 내놓고도 아직 충분하지 않다고, 문제를 계속 찾아 교정할 필요가 있다고 고백하고 있는 것이다. 은근한 고집과 끈기가 절로 느껴졌다. 책을 덮으려던 남자의 머릿속에 한 가지 재미있는 사실이 떠올랐다. 지금껏 지도책과 관련해 커다란 족적을 남긴 이는 대부분 내로라하는 사대부들이었다. 신경준이 그랬고, 정철조가 그랬고, 정상기가 그랬다. 그에 비한다면 김정호의 신분은 내세울 것도 못 되었다. 남자가 그의 이름을 전에는 들어본 적이 거의 없는 것 자체가 좋은 증거였다. 남자는 책을 덮고는 흐흠 하고 또 한 번 감탄사를 내뱉었다.

두 번째

남자는 가늘게 눈을 뜨고 최한기가 보내온 책을 보았다. 책은 두 권이었고 표지에는《청구도》라 적혀 있었다.《청구도》라면 몇 해 전에 받아본 적이 있었다. 같은 책을 또다시 보내주다니 최한기가 무엇인가를 착각한 것이 틀림없었다. 남자는 약간은 의아한 표정으로 책을 펼쳤다. 잠시 후 남자는 흐흠 하고 감탄사를 내뱉었다. 같은 책이 아니었다. 언뜻 비슷해 보였지만 자세히 살펴보니 전과는 분명 달랐다. 가장 큰 차이는 〈본조팔도주현총도本朝八道州縣總圖〉의 존재였다. 네 면에 걸쳐 조선지도가 그려져 있는데 주변에는 숫자가 적혀 있었다. 남자는 무릎을 쳤다. 위와 옆에 있는 주변 숫자를 통해 특정 지역의 지도를 찾아갈 수 있게 만든 것이었다. 예를 들어 남양도호부는 옆에는 17층이, 위에는 14판이 적혀 있으므로 남양도호부의 지도를 보려면 17층 14판이라고 된 면을 찾아가면 되는 것이었다. 역사에 대한 관심을 반영해 고대 제국들의 지도들을 수록한 것도 전과 달라진 부분이었다. 비록 정확성에는 의문이 드는 단순한 지도였으나 독자에 대한 김정호의 세심한 배려가 느껴지는 부분이기도 했다. 남자는 한참 동안 책을 살펴본 후 생각에 잠겼다. 생각해보면 별로 다를 것이 없는 책이기도 했다. 그런데도 김정호는 새로운 생각과 편리성을 추가해 책을 만드는 수고를 아끼지 않았다. 김정호라는 이가 도대체 어떤 이인지 더욱 궁금해졌다. 남자는 최한기에게 편지를 쓰려다 말았다. 남자가 있는 곳은 한적한 시골이었다. 김정호를 만나려면 아마도 서울로 가야 할 터인데 그것이 조금 귀찮기도 했다. 남자는 흐흠 하고 한 번 더 감탄사를 내뱉는 것으로 만족하기로 했다.

세 번째

남자는 가늘게 눈을 뜨고 최한기가 보내온 책을 보았다. 책은 두 권이었고 표지에는《청구도》라 적혀 있었다. 남자는 흐흠 하고 감탄사를 내뱉으며 책을 펼쳤다. 역시 전과 같은 책은 아니었다. 가장 눈에 띄는 것은 크게 그려진 서울의 지도가 추가된 부분이었다. 서울에 대해 상세한 정보를 요구하는 이들이 그동안 무척 많았던 모양이다. 또 다른 변화도 눈에 들어왔다. 약간은 파격적이라 할 수 있는 것으로, 산줄기가 사라지고 봉우리 서넛으로 간단하게 그려졌다. 이전의 어떤 조선지도에서도 시도된 바가 없는 것이었는데 그토록 과격한 변화를 택한 데에는 분명 이유가 있을 터였다. 책을 뒤적이던 남자는 곧 그 이유를 찾아낼 수 있었다. 정보의 양이 엄청나게 는 까닭이었다. 각 고을의 호구·군정 등을 적어 놓다보니 빈 공간이 부족해졌고, 그 문제를 해결하기 위해 머리를 쓴 결과 봉우리로 그려진 지도를 만들게 된 것이었다. 남자는 흐흠 하고 또다시 감탄사를 내뱉었다. 김정호는 도대체 어떤 이인지 더욱 궁금해졌다. 웬만한 이라면 기존의 결과물에 만족할 법도 한데 김정호에게는 그런 모습이 보이지 않았다. 그는 작은 문제라도 해결하지 않고 넘어가는 법이 없었다. 무엇이 그를 그토록 지도에 미치게 만든 것일까? 일간 서울에 올라가리라. 최한기를 통해 그를 만나보리라. 남자는 그렇게 생각을 정리하고 책을 덮었다.

네 번째

남자는 가늘게 눈을 뜨고 최한기가 보내온 책을 보았다. 책은 두 권이었고 표지에는《청구도》라 적혀 있었다. 남자는 흐흠 하고 감탄사를 내뱉으며 책을 펼쳤다. 남자는 흠칫 놀랐다. 전에 사라졌던 산줄기가 다시 등장했기 때문이다. 남자는 고개를 끄덕거렸다. 산줄기가 사라진 지도에 대한 반응은 썩 좋은 편이 아니었다. 여태껏 보아왔던 지도에 익숙한 이들은 산줄기가 사라진 지도를 거세게 비난했다. 남자가 살고 있는 궁벽한 고을에서도 그 이야기를 들을 수 있을 정도였다. 그러한 여론을 의식한 때문일까, 김정호는 과감하게 산줄기를 복원시켰다. 산줄기가 다시 나타났으니 정보를 수록할 공간이 부족해졌을 것은 자명한 일. 그 많던 정보는 어떻게 처리했을까 하는 생각이 들었다. 책의 마지막에 해답이 있었다. 〈군국총목표軍國總目標〉가 새로 등장했다. 〈군국총목표〉에는 이전의 정보는 물론, 전답, 민호, 남녀 인구수, 서울까지의 거리 등의 정보가 새로 추가되어 있었다. 남자는 고개를 갸웃했다. 〈군국총목표〉에 수록된 정보는 귀중했다. 그렇지만 지금껏 추구해왔던 편리함과는 다소 거리가 멀었다. 지도와 함께 있던 정보가 뒤로 밀려나 따로 수록된 셈이었으므로. 남자는 책을 덮었다. 그러고는 한참이 지난 후에 흐흠 하고 감탄사를 내뱉었다. 김정호는 어찌 보면 작은 벽에 부딪친 셈이었다. 사람들이 자신의 진심을 몰라줄 수도 있다는 현실적인 한계를 깨달은 셈이었다. 그렇다면 김정호는 어떻게 반응을 할까? 남자는 김정호가 그만두지 않을 것이라 믿었다. 물론 남자는 김정호와는 일면식도 없었다. 서울로 올라가 김정호를 만나겠다고 했지만 남자의 엉덩이는 궁벽한 고을을 떠난 적이 없었다. 남자는 김정호의 새로운 지도책이 곧 자신에게 도착하리라는 것을 확신했다. 남자가 흐흠 하고 감탄사를 내뱉은 것은 그 믿음 때문이었다. 김정호의 다음 지도책은 도대체 무엇이 바뀌었을까 하는 기대 때문이었다.

《청구도》가 처음으로 세상에 모습을 보인 것은 1834년이었다. 이때 김 정호의 나이가 몇 살이었는지는 알 수 없다. 김정호가 언제 태어나고 언제 죽었는지를 알려주는 정보가 없기 때문이다. 1804년경에 태어나 1864년경에 죽었으리라 추정만 할 뿐이다. 생몰연대에 관한 기록이 전혀 남아 있지 않다는 것은 김정호의 신분이 보잘것없었음을 알려주는 증거이기도 하다. 본문에서도 언급했듯 김정호는 모두 네 차례에 걸쳐 《청구도》를 수정했다. 1840년대 후반까지 수정했으니 기간으로 치면 십여 년 이상을 수정에 몰두한 셈이 된다. 그러한 집념은 이규경李圭景으로 하여금 다음과 같은 글을 남기게 했다.

"그 지도와 지리지는 반드시 전할 만한 것이다."

네 차례의 수정 이후 더는 《청구도》는 간행되지 않았다. 그 이유는 우리 모두 너무나 잘 알고 있다. 김정호는 1861년에 목판본 《대동여지도 大東輿地圖》를 간행했다. 이는 무엇을 뜻하는가? 우리가 기억하는 것은 《대동여지도》뿐이지만 그 이전 네 차례에 걸쳐 수정했던 《청구도》가 없었더라면 《대동여지도》는 결코 탄생할 수 없다는 사실이다. 《이향견문록里鄉見聞錄》을 쓴 유재건劉在建은 김정호의 작업을 다음과 같이 평한다.

"내가 한 질을 구해보았더니 진실로 보배라 여길 만했다."

보배는 갑자기 탄생한 것이 아니었다. 지나칠 정도의 편집과 수정, 그 결과물이 바로 《대동여지도》라는 보배였다.

복
잡
한

감
정

부고

이언진李彦瑱이 죽었다. 복사꽃 피는 시절 저물녘에 삼청동 석벽 아래,
지인의 집에서 죽었다.

그가 제명에 죽지 못하리라는 것은 어쩌면 예견된 일이었다. 일본에
다녀온 이후로 이언진은 예전의 기력을 회복하지 못했다. 평생 살았던
서울의 골목길을 떠나 시골로 이사까지 했지만 작심하고 인생의 끝으
로 달려가는 병마를 잡을 수는 없었다. 그러나 남자*가 예견된 일이라
고 말하는 것은 병마로 죽은 것과는 다른 의미였다. 이언진은 삶에 대
한 의지가 없는 사람이었다. 그 의지의 부재는 그가 지은 시에 잘 드러

나 있다.

> 검은 창문빛이 주홍으로 변하네
> 지는 해에 산 위의 저녁노을 불타니.
> 이때의 기이한 광경 형용하자면
> 복사꽃 숲속의 수정궁일레.

복사꽃 만발한 봄날 저녁의 아름다움을 노래하고 있다. 복사꽃을 다른 방식으로 노래할 수도 있건만 이언진은 검은 창문빛, 지는 해, 저녁노을과 함께 복사꽃을 그렸다. 그 시는 결국 현실이 되었다. 그가 죽은 것 또한 복사꽃 피는 시절 저물녘이었으므로. 그러므로 이언진이 죽은 것은 결국은 그가 지은 시 때문이었다.

이언진이 죽기 얼마 전 집안 식구가 꾸었다는 꿈 또한 죽음을 예견했다. 그 꿈속에서 한 신선이 고래를 타고 하늘로 올랐다. 그런데 머리를 풀어헤친 사람이 그 뒤를 따라갔다. 당시에는 몰랐지만 머리 풀어헤친 이는 바로 이언진이었다.

시와 꿈은 그저 우연일 수도 있겠다. 남자가 보기에 이언진을 제명에 죽지 못하게 만든 이는 바로 그의 아버지였다. 그의 아버지는 아들이 태어나기 전에 관우關羽의 사당을 찾아가 문장 잘하는 아들을 보내달라

---

* 남자는 성대중이다. 이언진이 성대중에게 보낸 편지에 대한 지식은 심경호 등의《우상잉복, 천재시인 이언진의 글향기》(아세아문화사)를 통해 얻었다. 편지와 해람편은 '우상잉복'의 번역을 따랐으며 나머지 이언진의 시는 박희병의《저항과 아만》(돌베개)의 번역을 따랐다. 이언진의 죽음과 관련된 일화는 이덕무의《청비록》을 참조했다.

고 빌고 또 빌었다. 관우는 아버지의 소원을 들어주었다. 그러나 아버지는 그 소원 성취에 조건이 달려 있다는 것을 몰랐다. 문장 잘하는 아들이 성공하려면 고귀한 가문이 동반되어야 했다. 이언진은 역관 가문의 자손이었다. 역관이 문장가를 꿈꾸어서 얻을 수 있는 것은 때 이른 죽음뿐이었다. 아버지는 제 아들을 위해 소원을 빌면서도 그 중요한 사실을 몰랐던 것이다.

편지

남자는 편지가 도착하기를 기다리면서 이언진이 전에 보내온 편지를 꺼내 읽었다. 세 편의 시와 함께 보내온 편지의 내용은 이러했다.

> 봉상시로부터 묵정동까지 거의 5~7리가 됩니다만 짧은 시간에 종을 실려 두 번이나 달리게 하셨으니, 목마른 것처럼 어린 이를 좋아하시는 것을 충분히 알겠습니다. 마음이 합쳐지는 것은 숫자가 많은 데 달려 있을 필요가 없습니다. 몇 편 써서 올립니다.

세 편의 시 중 남자의 눈길을 끈 것은 아래의 시였다.

> 엄원의 기세는 참으로 문종文宗
> 비유컨대 풍수에서 말하는 대간룡大幹龍같네.
> 눈 아래 있는 석공石工 같은 천백의 무리는
> 그에 견주면 모두 자손봉일 뿐.

엄원은 왕세정王世貞, 석공은 원굉도袁宏道다. 의고문의 대가 왕세정에 비하면 원굉도 같은 소품가는 아무것도 아니라는 뜻이 시 안에 담겨 있는 셈이다. 조선에서 왕세정은 이미 한물간 이였다. 모든 이들이 원굉도를 따라하는 판에 이언진은 왕세정을 드높이고 있는 것이었다. 물론 이언진의 뜻이 원굉도를 무시하는 데 있는 것은 아니었다. 이언진이 좋아하는 왕세정은 의고문의 대가 왕세정이 아니었다. 그보다는 박학과 통변通辯의 대가로서의 왕세정이었다. 그 박학과 통변의 관점에서 볼 때 원굉도는 도저히 왕세정에 미치지 못한다고 주장하는 것이었다. 그 논리야 아무래도 좋았다. 남자가 놀란 것은 당당하게 왕세정을 좋아한다고 밝히는 그 태도였다. 원굉도의 문장은 일세를 풍미하고 있는 중이었다. 그럼에도 스스로 원굉도를 따른다고 말하는 이는 거의 없었다. 이언진은 달랐다. 그는 왕세정을 최고로 꼽기를 주저하지 않았다. 그 도도한 자부심이라니.

그렇다고 그가 왕세정만을 추앙했다고 생각하면 안 된다. 일찍이 그는 한두 사람을 신주 모시듯 하지는 않는다고 말한 적이 있다. 또한 사물의 변화는 무궁하고 글을 짓는 마음은 한량이 없으니 왕세정은 하나일 수가 없다고 말한 적도 있다. 그의 태도는 다음의 문장에 잘 드러난다. "하늘은 지난해 진 꽃으로 다시 올해의 꽃을 삼는 법이 없나니, 가지에 별도로 새 꽃을 내지요. 문장 또한 이와 같습니다."

무슨 소리인가? 글을 본뜨기만 해서는 아무것도 안 된다는 뜻이었다. 사람의 얼굴이 제각각인 것처럼, 새로운 가지에서 새 꽃이 피는 것처럼, 글 또한 자신만의 생각으로 새롭게 써나가야 한다는 뜻이었다. 왕세정을 추앙하면서도 왕세정을 부정할 수 있는 사람, 그러나 그 도저

한 자부심은 필연적으로 혐오를 불러오게 마련이었다. 이언진에게 대놓고 그 혐오를 드러낸 이는 바로 박지원이었다. 박지원의 심정을 이해 못할 바도 아니었다. 이언진이 박지원에게 보낸 것은 다음과 같은 시였으니.

> 닭의 벼슬은 높다란 게 두건 같고
> 소의 턱밑살은 커다란 게 주머니 같네.
> 집에 늘 있는 거야 신기하지 않지만
> 낙타등 보면 다들 깜짝 놀라네.

다른 이들의 시가 흔히 보는 닭의 벼슬이나 소의 턱밑살이라면 자신의 시는 웬만해서는 보기도 힘든 낙타등과 같다는 것이었다. 시를 평해 달라고 하면서 보내온 시가 제 자랑이었던 셈이었다. 스스로에 대해 자부심 높기로 역시 유명한 박지원은 "잗다랗기 때문에 진기할 게 없다"고 그의 시를 폄하해버렸다.

남자가 옛 편지를 읽고 생겨난 여러 가지 상념에 빠져 있을 때 새로운 편지가 도착했다. 버선발로 내려가 낚아채듯 빼앗은 편지의 내용은 이러했다.

소생은 시문을 지어, 남에게 알려지기를 구하지 않고 세상에 전해지기를 구하지 않으며, 나 혼자 즐길 뿐입니다. 한 축을 억지로 집사에게 빼앗겨서, 그것이 다른 이의 안목에 전파된다는 것을 생각할 때마다, 얼굴이 붉어져 땀이 솟는 것을 그치지 못합니다. 그간 지은 여러

시들은 지금 모두 한바탕 불길에 주어버려, 한 조각 종이로 남은 것
이 없습니다.

남자는 하마터면 욕지기를 내뱉을 뻔했다. 아프다면서도 그 오만함
은 여전했다. 게다가 시를 모두 태워버렸다니 그것은 또 무슨 말인가?
남자는 서둘러 답장을 썼다. 그리고 종을 시켜 인삼과 함께 편지를 보
냈다. 초조하던 시간이 지나고 마침내 종이 돌아왔다. 종이 건넨 편지
를 읽은 남자는 깊은 한숨을 내쉬었다. 편지의 내용은 이러했다.

집사에 대해서는 항상 그 은혜가 바다 같다고 여기고 있습니다만, 앞
뒤로 말을 달리하여 문득 이러한 태도를 보이는 것은, 이는 금석과
같은 굳은 정견이어서 훼손시킬 수 없기 때문입니다. 비록 한 글자라
도 어찌 다시 손에서 벗어날 이치가 있겠습니까? 집사께서는 이 점
을 헤아리셔서, 애처롭게 여기고 불쌍히 여겨주소서.

거절이었다. 그가 자신의 시를 모두 태워버렸다는 것은 사실이었던
모양이다. 안타까웠다. 이언진의 시를 한 수라도 더 얻기 위해 노력했
지만 돌아오는 것은 아무것도 없었다. 그저 얼마 되지 않는 자존심만
더 상했을 뿐.

대화
병색이 완연했음에도 이언진의 눈빛은 여전했다. 그 눈빛이 무서워 남
자는 슬쩍 고개를 돌리며 말했다. "요즈음도 시는 쓰고 있는가?"

이언진은 고개를 끄덕거리더니 최근에 쓴 시를 보여주었다. 그 시를 읽는 순간 숨이 턱 막혔다. 그 시는 이러했다.

　바보도 썩고 수재도 썩지.
　흙은 아무개 아무개 아무개를 안 가리니까.
　나의 책 몇 권은
　내가 나를 천 년 후에 증명하는 것.

이언진 아니고서는 쓸 수 없는 시였다. 위로를 하러 왔던 남자는 이상하게도 모욕을 받은 느낌이었다. 비슷한 시를 받았던 박지원을 떠올리며 입을 열었다. "병들어 있으면서도 자꾸 썩느니 죽느니 하는 소리는 그만두게. 그러니 몸이 자꾸 아픈 걸세. 말을 꺼낸 마당이니 하나 더 이야기하겠네. 자네 재주 많은 것은 내가 잘 아네만 재주 재才란 글자를 한번 생각해보게. 안으로 삐친 것이지 밖으로 삐친 것이 아니란 말일세. 이 말 명심하기 바라네."

남자는 그에 대한 답변을 들었다. 시로 대신한 그 답변은 이러했다.

　헌 솜옷 입고 가난하게 살아도 몸은 점차 나아지고
　고요 속 생각은 어둠 속에 빛이 난다.
　죽은 아이 따라 먹으니 절도가 없지만
　약은 아내에게 짓게 하니 약방문에 맞네.
　길게 뻗은 등잔의 불꽃 무지개 이루고
　솔바람 문득 지나가니 빗소리 요란하다.

팔만의 천마를 모두 몰아내고
벼슬 없는 진인이 도량에 앉았네.

　요약해 말하자면 나는 내 집을 도량 삼아 잘살고 있으니 네 걱정이
나 해라, 하는 뜻이었다. 남자는 몇 마디를 더 나누다 집으로 돌아왔다.
그 몇 마디가 무엇이었는지는 남자의 기억에 없다.

배 안에서

일본 가는 배 안에서 시를 지으면서 노니는 것은 드문 일이 아니었다.
시라면 나름대로 일가견이 있는 남자 또한 많은 시를 지었다. 정사는
그에 대한 칭찬을 아끼지 않았다. 남자는 우쭐하지 않았다. 서기인 남
자가 시를 잘 짓는 것은 그저 당연한 일에 지나지 않았으므로. 며칠 후
다시 한 번 시 짓는 자리를 가지려는데 이언진이 왔다. 역관인 이언진
이 올 자리가 아니었다. 당황한 남자가 이언진에게 눈짓을 했지만 그는
그 신호를 무시하고 자신의 시를 읊었다. 그 시는 이렇게 시작되었다.

지구 안에 수많은 나라들이
바둑돌처럼 별처럼 널려 있네.
월나라에선 북상투
천축국에선 깎은 머리…….

　이언진의 목소리가 멈추자 찬탄이 이어졌다. 훌륭한 시였다. 가장 어
려운 운자들을 사용하면서도 전혀 어색하지가 않았다. 모든 것을 아우

르되 넘치지 않았으며, 은은하고 기묘하되 편벽하지가 않았다. 현실을 초월하면서도 허황되지 않았으며, 그 기상은 웅대했다. 남자는 이언진을 다시 보았다. 두 가지 상반된 생각이 머리에 떠올랐다. 역관이 저렇게 시를 잘 짓다니, 가 그 하나였고, 역관인 주제에 감히, 가 다른 그 하나였다. 남자는 어떤 생각에 손을 들어주어야 할지 알 수 없었다. 그리하여 빈 술잔만 입에 가져갔을 뿐이었다. 그 빈 술잔이 앞으로 자신의 인생에 족쇄가 되리라는 것은 까맣게 모르는 채.

《우상잉복》해설

《우상잉복虞裳剩馥》은 우상이 남긴 귀한 글이란 뜻이다. 우상은 이언진의 자다. 이 제목은《근역서화징槿域書畵徵》의 저자 오세창吳世昌이 붙인 것으로 알려져 있다.《우상잉복》에는 이언진이 일본에 사행을 갔을 때 배 안에서 지었다는 오언고시〈해람편〉, 사행 중 썼던 일기 몇 편이 실려 있다. 그와 함께 성대중成大中에게 주었던 시 세 편, 다섯 통의 편지도 실려 있다. 여기서 주목하는 것은 성대중에게 보낸 다섯 통의 편지다. 간단히 요약하자면 이언진의 재능을 높이 산 성대중은 일본에서 썼던 시고를 보내달라고 계속해서 요구했고, 이언진은 계속해서 거절했다. 그 이유는 본문에서도 인용했듯이 "한 축을 억지로 집사에게 빼앗겨서, 그것이 다른 이의 안목에 전파된다는 것을 생각할 때마다, 얼굴이 붉어져 땀이 솟는 것을" 그칠 수 없었기 때문이다. 그 얼마 후 이언진은 세상을 떠난다. 불태웠던 원고가 그러나 모두 사라진 것은 아니었다. 이언진의 아내가 불길 속에서 그 일부를 건져냈기 때문이다. 이 원고는 훗날《송목관신여고松穆館燼餘稿》라는 문집으로 간행되기에 이른다. 서문에 수록된 이용휴의 일갈이 이언진이 어떤 사람이었는지를 제대로 설명한다.

"남을 이기기를 구하지 않았는데, 이는 자신을 이길 만한 사람이 없기 때문이다."

성대중은 상대를 잘못 골라도 한참 잘못 골랐던 것이다.

이언진과
《호동거실》

골목길의 왕

새벽

새벽종 올리자
호동의 사람들 참 분주하네
먹을 것 위해서거나 벼슬 얻으려 해서지.
만인의 마음 나는 앉아서 안다.*

---

* 번역된 시는 박희병의 《저항과 아만》에서 가져왔다. 본문의 내용은 《저항과 아만》에 수록된 시들을 재구성한 것이다.

아내의 얼굴이 수척하다. 아이가 보채는 바람에 밤새 잠을 못 이루었기 때문이다. 남자는 잠시 미안함을 느낀다. 그러나 뭐라 하겠는가? 할 말을 찾지 못한 남자는 조용히 서안 앞으로 가 앉는다. 눈을 감는다. 조용한 줄로만 알았던 새벽의 실체가 드러난다. 달구지 소리가 들려오고 여인네들이 떠드는 목소리가 들려온다. 부지런한 소가 남기고 간 똥냄새와 누군가의 오줌 냄새가 함께 찾아온다. 남자의 머릿속에 부질없는 상념도 잊지 않고 찾아온다. 한 칸 방을 갖고 싶다. 아이의 울음소리와 아내의 걱정스러운 눈빛에서 벗어날 수 있는 한 칸 방, 골목길의 냄새와 소음에서 벗어날 수 있는 한 칸 방, 온전히 명상에 잠길 수 있는 한 칸 방. 문 열리는 소리가 난다. 아내가 아침을 준비하려는 것이다. 남자는 눈을 뜨고 향에 불을 붙인다. 일체의 고뇌를 없앤다면 무한한 즐거움을 얻으련만 그것이 쉽지가 않다. 마음을 다잡는다. 가늘게 눈을 뜨고 코끝을 바라보며 명상에 잠긴다. 남자의 얼굴에 웃음이 떠오른다. 이제 남자는 이백이요, 왕유王維다. 남자의 방은 골목길과 세계의 중심이 된다.

마주침

> 이상하고 못생긴 저 세 사람
> 하나는 털보, 하나는 곰보, 하나는 혹부리.
> 지나간 후 늘 눈에 삼삼하여라.
> 평소에는 조금도 아는 체 않건만.

아침을 먹은 남자는 집을 나선다. 아침 일찍 집을 나선 어느 아낙과 마주친다. 아낙은 얼굴을 피했지만 아낙이 데리고 있는 두 아이는 남자를 빤히 쳐다본다. 그런데 두 아이의 생김새가 사뭇 다르다. 한 아이의 눈은 동그랗고, 다른 아이의 눈은 옆으로 째졌다. 남자는 다짜고짜 아낙에게 남편이 누구냐고 묻는다. 아낙의 대답이 묘하다.

"모릅니다."

모릅니다, 그 대답을 떠올리며 골목길을 걷는데 독 깨지는 소리가 난다. 서둘러 다가가보니 독장수가 허탈한 표정으로 바닥에 앉아 있다. 그 앞에는 남김없이 깨져버린 독들이 있고. 독을 팔아 무엇을 할지 생각하느라 바닥에 솟은 돌부리를 보지 못한 것이 분명하다. 오지 않을 미래에 대한 기쁨과 원치 않았던 쓰라린 현실의 대비가 남자의 눈앞에서 자못 처연하게 펼쳐진다. 남자는 아무 말 하지 않는다. 골목길에서는 늘 있는 일이다. 골목길 끝에서 세 명의 남자와 마주친다. 털보와 곰보, 혹부리로 명명이 가능한 이들이다. 짧은 순간 그들은 남자를 지나쳐간다. 남자는 잠시 걸음을 멈추고 그들을 본다. 왜일까, 유독 그들의 인상이 머릿속에 남았던 것은. 독장수는 보이지 않는다. 그저 깨져버린 독들이 있을 뿐. 남자는 다시 걷는다. 두 아이의 얼굴이 다시 떠오른다. 그들의 서로 다른 아비들은 과연 누구일까?

장사꾼

자리 가득 시커먼 얼굴과 범속한 상판
손님은 죄다 장삼이사네.

백정의 노랫소리 시끄러운데
동서의 시정인이 그 이웃들.

골목길은 아침부터 분주하다. 짚신 신고 패랭이 쓴 중늙은이가 빠르게 앞을 지나간다. 거지 아이는 오늘도 남자에게 손을 내민다. 자신에게 돈을 줄 관상이 아니란 것을 뻔히 알면서. 남자는 아이에게는 눈길도 주지 않고 가던 길을 간다. 쌀파는 노인네의 우렁찬 음성이 골목길을 가득 채운다. 노인네의 말에는 일본어도 섞여 있고 중국어도 섞여 있다. 뜻을 알고 지껄이는 건지 의심스럽지만 처음 찾아온 손님의 넋을 빼놓기에는 참 좋은 수단이다. 남자는 손님에게 한마디 하고 싶은 충동을 느낀다. 저 노인네가 파는 쌀에는 모래가 잔뜩 섞여 있다고. 물론 남자는 아무 말 하지 않는다. 쌀과 모래 정도는 스스로 가려낼 줄 아는 안목을 지녀야 하는 것이다. 그것도 모르고 낯선 골목길 저잣거리에 찾아와 제 어미에게서라도 사는 것처럼 덜컥 쌀을 사서는 안 될 것이니. 그에 비하면 떡을 사 먹는 아이는 똑똑하기만 하다. 골목길을 속속들이 아는 아이는 가장 맛있는 떡을 제값을 주고 사 먹을 줄 안다. 남자는 아이의 등을 보며 가볍게 고개를 숙인다. 진짜와 가짜를 제대로 구별하는 아이야말로 존경받아 마땅하다.

고관대작

한 그릇 밥 먹고 배부르면 쉬고
큰길가에서 웅크리고 자는

저 거지 아이 승지 보고 불쌍타 하네.

　눈 내린 새벽 매일 출근한다고.

　갑자기 저잣거리가 시끄러워지더니 사람들이 좌우로 흩어진다. 고관대작이 행차한 탓이다. 굼뜬 더벅머리 하나가 말발굽을 간신히 피한다. 그러나 땅바닥에 부딪치는 것은 피할 수가 없다. 고관대작이 사라진 후 더벅머리는 그 자리에 벌렁 누워 아픔을 호소한다. 아무도 돌아보지 않는다. 자신과는 무관한 일이라 믿는 탓이다. 더벅머리의 동작이 느리기에 빚어진 일이라 믿는 탓이다. 남자는 한숨을 쉰다. 자기 팔이 아프면 죽을병이라도 난 것처럼 의원을 불러 호들갑을 떠는 사람들이 남의 아픔은 나 몰라라 하고 있다. 남자가 다가가려는 순간 더벅머리가 벌떡 일어나더니 노래를 부른다. 사람들의 웃음이 터진다. 남자도 함께 웃는다. 남자에게 손을 내밀었던 거지 아이가 어느새 곁에 다가와 이렇게 말한다.

　"난 벼슬아치들이 제일 불쌍하오. 눈 내린 새벽에도 낑낑대며 출근하는 걸 보면."

　남자는 거지 아이의 머리를 쓰다듬으려 한다. 거지 아이는 머리를 빼고는 재빨리 원래 있던 곳으로 사라진다.

집 앞에서

　서산에 뉘엿뉘엿 해 넘어갈 때

　나는 늘 이때면 울고 싶네.

사람들은 대수롭지 않게 여기며
어서 저녁밥 먹자고 재촉하지만.

　집으로 돌아오는 남자의 발걸음이 무척이나 분주하다. 남자의 손에
는 책 몇 권이 들려 있다. 며칠 동안 벼르고 벼르다 마침내 손에 넣은 책
들이다. 남자는 잠시 걸음을 멈추고 책 한 권을 펼쳐본다. 남자의 얼굴
에 웃음이 퍼진다. 그 순간 들려오는 말 울음소리. 고개를 든 남자는 재
빨리 옆으로 발걸음을 옮긴다. 하마터면 말발굽에 밟힐 뻔했으면서도
남자의 얼굴은 밝기만 하다. 마음이 기쁜 탓일까, 골목길 풍경도 여느
때와는 다르게 느껴진다. 남자의 발을 거칠게 밟고 가는 이도 있고, 어
깨를 세차게 밀치고 가는 이도 있다. 그래도 좋다. 남자는 이렇게 생각
한다. '골목길은 사람이 많아야 제맛이지.'
　더럽고 추악한 골목길이지만 모든 것은 마음먹기에 달렸다. 원하는
책들을 들고 집으로 가는 지금은 골목길보다 더 반가운 것은 없다. 그러
나 집이 가까워질수록 남자의 발걸음은 느려진다. 아내의 얼굴이 떠오
른다. 쌀도 없고 땔감도 없다던 말이 그제야 기억난다. 하지만 어쩐다?
책들을 덜컥 사버렸으니. 남자는 집 앞에 서서 들어가지도 못하고 골목
길을 본다. 다닥다닥 붙어 있는 골목길의 좁은 집들. 그 사이로 보이는
하늘도 제대로 어깨를 펴지 못하는 듯하다. 남자의 마음이 갑자기 무거
워진다. 지는 해를 받아들이는 산봉우리처럼 한없이 무거워만 진다.

저녁

> 요 깔고 아이는 맞은편서 자고
> 등불 켜고 아내는 밥상 올리네.
> 선생은 책 읽는 것 멈추지 않고
> 문진 들어 책상 치며 탄성을 발하네.

남자를 구한 건 아이다. 마당을 뛰어다니던 아이가 넘어져 울고 있다. 남자는 서둘러 뛰어가 아이를 일으켜 세운다. 아이를 안고 방으로 들어간 뒤 재빨리 새로 산 책들을 서안 위에 올려놓는다. 아내가 과연 그 책들을 보지 못했을까? 남자는 그 문제에 대해서는 생각하지 않기로 한다. 남자는 아이를 옆에 앉힌 뒤《천자문千字文》을 꺼낸다. 하늘 천, 따 지를 따라하는 아이의 입이 꼭 제비부리 같다. 아내와 남자를 꼭 닮은 아이, 남자는 아이에게서 생생生生하는 역易의 원리를 읽는다. 아이는 스르르 잠이 들고 아내는 아무것도 모르는 사람의 표정을 하고 밥상을 들여온다. 남자는 재빨리 밥을 먹는다. 아내가 나간 후 남자는 새로 사온 책들을 펼쳐든다. 남자는 책을 읽으며 자신도 모르게 탄성을 내뱉는다. 한참을 책에 정신을 팔던 남자가 비로소 책을 덮고 주위를 둘러본다. 골목길의 집은 어쩐지 전과는 달라진 것 같다. 남자는 정精이 홍기하는 바로 그 장소에 앉아 있는 것만 같다. 번개가 번쩍이듯, 밀물이 밀려오듯 깨달음이 쇄도해온다. 남자는 서안을 탁 소리 나게 내리친다. 그 순간 방으로 들어오는 아내의 얼굴이 유난히 어둡다.

밤

이따거의 쌍도끼를
빌려와 확 부숴버렸으면.
손에 칼을 잡고
강호의 쾌남들과 결교했으면.

아내도 잠든 깊은 밤이다. 남자는 우울해진 심사를 달랠 요량으로
《수호전水滸傳》을 읽는다. 어두웠던 마음에 이내 활기가 돈다. 좋은 세월
과 좋은 세계를 뿌리치고 떠난 호걸들 덕분이다. 인색하거나 쪼잔함이
없는 시원시원한 호걸들 덕분이다. 남자는 생각한다. 시내암施耐庵은 정
말 대단한 사람이라고. 문자로 설법을 펴고 있으니 패관소설 가운데 부
처가 있는 격이다. 양산박의 108인이 모두 다 부처인 격이다. 남자는
생각한다. 굳이 사마천이나 반고班固, 두보, 이백일 필요가 없다고.《시
경》이나《서경》,《중용》,《대학》을 읽을 필요가 없다고. 시내암이 있으
니.《수호전》이 있으니. 남자는 이따거의 쌍도끼를 본다. 그 쌍도끼가
더러운 세상, 어지러운 세상을 마구 부수는 것을 본다. 흥분한 남자는
문장을 적어내려 간다.
  '밥은 하루 지나면 쉬었는가 싶고 옷은 해 지나면 낡았는가 싶지. 문
장가의 난숙한 문투, 한당 이래 어찌 안 썩을 리 있나?'

232

남은 것들

조물주 날 사랑해 인간으로 만드사
하늘과 땅에 절하며 감사드리네.
온갖 형상을 내어 내 눈을 즐겁게 하고
온갖 소리 두어 내 귀를 즐겁게 하네.

그러나 이따거의 쌍도끼는 현실이 아니다. 허공을 가르던 쌍도끼가
사라진 자리를 채우는 건 가늘게 코를 고는 아내, 이리저리 뒤척이는
아이다. 남자의 눈 끝이 가늘게 떨린다. 어쩌면 이 골목길은, 이 세상은
감옥인지도 모르겠다는 생각을 한다. 빠져나올 방법이라고는 도저히
찾을 수 없는. 남자는 눈을 감는다. 남자만의 방 한 칸을 그려본다. 그날
이 온다면 집 짓는 장인을 불러 한 칸 방을 마련하리라. 윗자리에 참선
하는 곳을 마련해 다구와 서안을 두리라. 그리하여 웬만해서는 깨어나
지 않을 길고 긴 명상에 잠기리라. 어디서 개 짖는 소리가 들려온다. 그
소리가 어지러워진 마음을 가라앉힌다. 남자는 아내와 아이를 본다. 웃
는다. 남자는 혼잣말을 한다. "나는 골목길의 왕이다."

《호동거실》해설

이언진이 죽은 지 90년이 훌쩍 넘어 유고집인《송목관신여고》가 출간
되었다. 이 유고집 안에 165수의 시가 실린《호동거실衚衕居室》이 수록
되어 있다. 호동은 골목길을 말한다. 박희병 선생은 여기에 다른 판본
에서 발견된 시 다섯 편을 더해 총 170편으로 된 이언진의 시집《골목

길 나의 집》을 출간했다. 재로 변할 뻔했던 이언진의 시가 다시 살아난
셈이다. 일독하시기를. 좁고 더러운 골목길을 자신의 왕국으로 삼고 살
았던 한 남자의 생애가 그 안에 온전히 들어 있다.

1. 책이 읽은 사람의 내면

주희 외, 이기동 옮김,《근사록》, 홍익출판사, 1998.

정두희,《조광조》, 아카넷, 2001.

심노숭, 김영진 옮김,《눈물이란 무엇인가》, 태학사, 2006.

남공철, 안순태 옮김,《작은 것의 아름다움》, 태학사, 2006.

박지원, 신호열·김명호 옮김,《연암집》, 돌베개, 2007.

홍인숙,《누가 나의 슬픔을 놀아주랴》, 서해문집, 2007.

송영배,《교우론, 스물 다섯 마디 잠언, 기인십편》, 서울대학교출판부, 2000.

히라카와 스케히로, 노영희 옮김,《마테오 리치》, 동아시아, 2002.

이홍식, 〈조선 후기 우정론과 마테오 리치의 교우론〉,《한국실학연구》제20호
        (2010. 12).

박제가, 안대회 옮김,《궁핍한 날의 벗》, 태학사, 2000.

이지은,《왜곡된 한국 외로운 한국》, 책세상, 2006.

지명숙 외,《보물섬은 어디에: 네덜란드 공문서를 통해 본 한국과의 교류사》, 연
        세대학교출판부, 2003.

박천홍,《악령이 출몰하던 조선의 바다》, 현실문화연구, 2008.

이영춘,《임윤지당》, 혜안, 1998.

김재임, 〈임윤지당의 성리학 연구〉, 성신여자대학교 박사학위 논문, 2008.

이민희,《조선을 훔친 위험한 책들》, 글항아리, 2008.

이종범,《사림열전 1》, 아침이슬, 2005.

최부, 서인범·주성지 옮김,《표해록》, 한길사, 2004.

유금, 박희병 옮김, 《말똥구슬》, 돌베개, 2006.

박은숙, 《김옥균, 역사의 혁명가 시대의 이단아》, 너머북스, 2011.

편집부 지음, 박은숙 옮김, 《추안급국안 중 갑신정변 관련자 심문, 진술 기록》,
　　아세아문화사, 2009.

염정섭 외, 《풍석 서유구와 임원경제지》, 소와당, 2011.

서유구, 안대회 옮김, 《산수간에 집을 짓고》, 돌베개, 2005.

조창록, 〈풍석 서유구에 대한 한 연구: '임원경제'와 『번계시고』와의 관련을 중
　　심으로〉, 성균관대학교 박사학위 논문, 2003.

2. 사람이 읽은 책의 내면

정충신, 임재완 옮김, 《백사 이항복 유묵첩과 북천일록》, 리움, 2005.

이종묵, 《조선의 문화공간》(전 4권), 휴머니스트, 2006.

심경호, 《김시습 평전》, 돌베개, 2003.

김시습, 원영환 외 옮김, 《국역 매월당 전집》, 강원도, 2000.

이문건, 이상주 옮김, 《양아록: 16세기 한 사대부의 체험적 육아일기》, 태학사,
　　1997.

신류, 박태근 옮김, 《국역 북정일기》, 한국정신문화연구원, 1980.

박천홍, 《악령이 출몰하던 조선의 바다》, 현실문화연구, 2008.

곤차로프 외, 심지은 옮김, 《러시아인, 조선을 거닐다》, 한국학술정보, 2006.

요시까와 코오지로오, 심경호 옮김, 《당시 읽기》, 창작과비평사, 1998.

서신혜, 《김소행의 글쓰기 방식과 삼한습유》, 박이정출판사, 2004.

정창권, 《향랑, 산유화로 지다》, 풀빛, 2004.

김소행, 이승수·서신혜 옮김, 《삼한습유》, 박이정출판사, 2003.

소혜왕후, 이경하 옮김, 《내훈》, 한길사, 2011.

신명호,《조선왕비실록》, 역사의아침, 2007.

김범,《연산군》, 글항아리, 2010.

한희숙, 〈조선 초기 소혜왕후의 생애와 내훈〉,《한국사상과문화》27(2005).

오주석,《단원 김홍도》, 솔, 2006.

이기봉,《근대를 들어 올린 거인, 김정호》, 새문사, 2011.

_____,《조선의 지도 천재들》, 새문사, 2011.

강순애 · 심경호 · 허경진 · 구지현 지음,《우상잉복, 천재시인 이언진의 글향기》, 아세아문화사, 2008.

박희병,《저항과 아만: 호동거실 평설》, 돌베개, 2009.

책, 조선 사람의 내면을 읽다
책이 읽은 사람, 사람이 읽은 책

초판 1쇄 인쇄 2016년 12월 23일 초판 1쇄 발행 2016년 12월 30일

지은이 설흔 펴낸이 연준혁

출판4분사 편집장 김남철
편집 이지은 디자인 윤정아

펴낸곳 (주)위즈덤하우스 출판등록 2000년 5월 23일 제13-1071호
주소 경기도 고양시 일산동구 정발산로 43-20 센트럴프라자 6층
전화 031)936-4000 팩스 031)903-3891
홈페이지 www.wisdomhouse.co.kr

값 13,000원 ⓒ설흔, 2016
ISBN 978-89-6086-308-8 03900

* 잘못된 책은 바꿔드립니다.
* 이 책의 전부 또는 일부 내용을 재사용하려면
  사전에 저작권자와 (주)위즈덤하우스의 동의를 받아야 합니다.

책, 조선 사람의 내면을 읽다 : 책이 읽은 사람, 사람이 읽은 책 /
지은이: 설흔. -- 고양 : 위즈덤하우스, 2016
   p. ; cm

ISBN 978-89-6086-308 8 03900 : ₩13000

도서(책)[圖書]
조선사[朝鮮史]

911.05-KDC6
951.9-DDC23   CIP2016029586